LEMERCIER DE NEUVILLE

LES
ENFANTS
AU SALON

MONOLOGUES, DIALOGUES

ET RÉCITS

POUR ENFANTS DE 8 A 12 ANS

PARIS

LIBRAIRIE THÉÂTRALE

15, Rue de Grammont, 15

1889

LES

ENFANTS AU SALON

LEMERCIER DE NEUVILLE

LES
ENFANTS
AU SALON

MONOLOGUES, DIALOGUES

ET RÉCITS

POUR ENFANTS DE 8 A 12 ANS

PARIS

LIBRAIRIE THÉATRALE

14, Rue de Grammont, 14

1889

AU LECTEUR

En furetant, un jour, rue de Grammont, dans le magasin de mon éditeur, je fus épouvanté de la quantité de monologues alignés sur les rayons : monologues aux titres variés, — en prose, — en vers, — tous dédiés à Coquelin cadet ou à mademoiselle Reichemberg : le rire et la grâce !

— Et tout cela s'est dit ?

— Oui, répondit l'éditeur.

— Et cela s'est vendu ?

— Je crois bien, et j'en vends tous les jours.

Une dame entra et demanda des monologues pour enfants de huit à douze ans.

— Nous n'en avons pas, cela n'existe pas, répondit l'éditeur.

La dame salua et sortit.

— Eh bien! poursuivit l'éditeur, si le cœur vous en dit, voilà ce que je vous prierai de me faire : des monologues, et même des dialogues, pour enfants, filles et garçons, de huit à douze ans. Vous avez bien compris ? Les Coquelin cadet, les Reichemberg de cet âge existent, puisqu'on vient me demander de la pâture pour eux; mon devoir et mon intérêt sont donc de les contenter. Vos Comédies pour jeunes filles s'adressaient à l'adolescence; faites maintenant quelque chose pour la jeunesse.

J'acceptai sans réfléchir, et je me mis à l'œuvre.

Faut-il le dire? Après plusieurs essais infruc-

AU LECTEUR

tueux, je crus que je ne m'en tirerais pas. Il ne s'agissait pas, en effet, de contes ou de poésies enfantines, de fables, de récits, d'allégories, d'histoires morales; il fallait, pour remplir le programme demandé, faire de véritables monologues, c'est-à-dire mettre l'enfant en scène dans une situation vraisemblable, — de son âge, — comique autant que possible, et, aussi, ingénieuse et intéressante. Il fallait se faire enfant — enfant de huit à douze ans — et se demander : — Qu'est-ce que je pense? Qu'est-ce qui me fait rire? Quelle est ma petite morale? Quelles sont les choses qui m'intéressent? Pour qui bat mon petit cœur? — Dans ce cadre restreint, les grandes passions sont supprimées ; l'intérêt est bien minime. Comment entrer dans ces petites cervelles et voir ce qu'il y a dedans? Interroger ces petits êtres eût été leur inspirer de la méfiance; le mieux était de les observer. C'est ce que je fis. Pendant six mois, je me mêlai à eux, j'écoutai leurs bavardages, je surpris leurs secrets, j'étudiai leur langage, je m'annihilai complètement, et je finis enfin par penser exactement comme eux.

C'est alors que je pris la plume.

Je ne prétends point avoir réussi toutes ces petites scènes; mais toutes ont été inspirées par des faits que j'ai notés, par des conversations que j'ai entendues. Parmi les petits garçons qui me liront, j'en connais plusieurs qui se reconnaîtront dans : — Une trouvaille; Au pain sec; La paire de gants; Le petit farceur; *et, parmi les petites filles*, Georgette sourira en lisant La maladroite. Oh maman! fera rougir la petite Jeanne, et Lucile m'en voudra d'avoir mis en vers la Tempête dans un berceau!

A ces petites scènes, j'ai joint deux récits : Hanneton vole *et* Le petit ramoneur, *et deux fables* : Le bœuf et la grenouille, *et* Le roseau, *que filles et garçons peuvent également réciter.*

AU LECTEUR

J'ignore le destin de ce livre ; il m'est permis toutefois d'espérer qu'il sera goûté. En tout cas, si je n'ai pas d'autre récompense, j'aurai du moins eu ce grand bonheur, à mon âge, d'être redevenu petit enfant pendant six mois.

LES ENFANTS AU SALON

———

PETITES FILLES

LE CHAGRIN DE BÉBÉ

RÉCIT EN VERS

LE CHAGRIN DE BÉBÉ

RÉCIT EN VERS

J'ai huit ans, je suis déjà grande,
Car je vais entrer au couvent;
Je ne suis plus aussi gourmande
Que je l'étais auparavant.
Sur mon livre, pendant l'étude,
J'ai tout le temps le front courbé,
Et pourtant on a l'habitude
De m'appeler encor Bébé !

Bébé ! Voilà qui m'exaspère !
Ce nom m'irrite le tympan :
« — Bonjour, Bébé ! » me dit mon père,
« — Bébé, je t'aime ! » dit maman,
« — Venez, Bébé ! » me dit ma bonne,
Et, — c'est bien fait pour m'agacer, —
Mon perroquet, lui-même, ânonne :
« Bébé, » quand je viens l'embrasser !

Mon Dieu ! suis-je donc exigeante
En réclamant mon petit nom,
Tout au moins de ma gouvernante ?
En réfléchissant, je dis : non !
Car je n'ai pas un nom farouche,
Je m'appelle Jeanne ! — Entre nous,
Ce nom est plus doux sur la bouche
Que n'est Bébé ! — Qu'en pensez-vous ?

Je ne veux pas m'en faire accroire,
J'ai huit ans, j'aime encor le jeu,
Le chat perché, la balançoire
Et cœtera, — j'en fais l'aveu !

LE CHAGRIN DE BÉBÉ

Or, les bébés sont plus tranquilles :
Il suffit, pour les amuser,
D'un hochet dans leurs mains débiles
Ou, tout simplement, d'un baiser.

Les bébés sont des petits anges
Accompagnés d'une nounou,
Qui ne sortent pas de leurs langes,
Ecrin de ce petit bijou !
Suis-je cela ? — C'est peu croyable.
Quand on me voit, j'ai plutôt l'air,
Non pas d'un ange, mais d'un diable !
— Mais pas d'un diable de l'enfer !

Ce petit nom dont on m'appelle
Me révolte ! — L'on me dirait,
Par exemple : « — Mademoiselle ! »
Evidemment cela m'irait.
Mais, de peur que l'on ne ricane,
J'aime bien mieux, très franchement,
Qu'on me nomme simplement : « Jeanne ! »
— Jeanne ! Mais c'est un nom charmant !

Et même on me dirait : « Jeannette ! »
— Pas, par exemple : « Jeanneton ! » —
Que je serais très satisfaite !
— Enfin, pourquoi me blesse-t-on,
Avec ce vocable bébête,
Qui me ramène au temps lointain
Où l'on me fourrait dans la tête
Tout un répertoire enfantin ?

Pour faire comprendre à ma mère
Que ce nom m'était odieux,
A ma poupée aux yeux de verre
Je tins ce discours sérieux :
« — Voyons ! dis-je, vous êtes belle,
« Baissez ces yeux trop éclatants,
» Imitez-moi, Mademoiselle !
» Comme moi, vous avez huit ans !

» Tenez-vous droite ! Soyez sage ! »
— Et maman, ne comprenant pas,
Me dit : — « Assez d'enfantillage !
» Voici le moment du repas,

» Depuis une heure je t'appelle!... »
Puis, voyant mon air absorbé :
« — Laisse donc là Mademoiselle,
» Et viens déjeuner, mon Bébé ! »

Bébé, soit! Soyons raisonnable !
Si j'avais l'air de m'irriter
De cet impertinent vocable,
Il finirait par me rester !
Mais si ce nom est l'estampille
De ceux qu'on aime tendrement,
Je suis bébé, petite fille,
Et serai bébé, grand'maman !

LA MALADROITE

LA MALADROITE

(L'enfant tient une tasse cassée à la main.)

Ne le dites pas, surtout à ma mère,
Car je n'aurais pas de dessert ce soir ; —
Vous ne savez pas comme elle est sévère !
Quand j'ai mal fait, rien ne peut l'émouvoir !

J'ai cassé... — Pourtant, j'avais bien pris garde !
— La tasse qui sert à ma grand'maman !
Elle y tenait tant !... Quand je la regarde,
J'ai le cœur bien gros, bien triste vraiment !

Que faire à présent ? La tasse est cassée !
Elle, qu'on tenait tant à conserver !
Quand dans le buffet je l'ai replacée,
Ça se voyait trop, j'ai dû l'enlever.

La raccommoder ?... Ce n'est pas possible !
Dans quel embarras je suis ! Oh ! mon Dieu !
J'aperçois déjà ma mère inflexible
Quand je lui ferai ce pénible aveu !

Elle était placée, au haut de l'armoire,
A côté des fruits, et, — le cou tendu —
J'allais m'emparer d'une belle poire,
— Car il est si bon, le fruit défendu ! —

Lorsque, patatras ! — Ma chaise chancelle,
Je perds l'équilibre et j'étends mon bras
Qui vient attraper toute la vaisselle,
Et, dans un clin d'œil, je me trouve à bas !

Je me croyais morte, et, chose étonnante!
Je n'eus pas de mal; mais, l'effroi passé,
Voici que je fus pleine d'épouvante,
En voyant l'objet que j'avais cassé!

Que faire? — Un conseil? Mettons que j'avoue,
Et je suis punie... et l'ai mérité.
Mais alors, c'est sûr, je ferai la moue,
Car, enfin, je suis un enfant gâté!

Et je bouderai! Je serai vilaine!
Adieu les baisers si doux de maman!
Et je pleurerai comme une fontaine...
Et plus de dessert... de jeu!... Quel tourment!

— D'un autre côté, si je dissimule,
J'aggrave le fait! — On accuserait
Ma bonne! Eh bien, non! Je me fais scrupule
De charger autrui du mal que j'ai fait.

— Il faut avouer, avouer bien vite !
Oui, je ne saurais mieux faire, je croi !
Mais, — car j'ai bien peur ! — je vous sollicite,
Mes chers auditeurs, d'avouer pour moi.

Dites... — Mieux que moi, vous savez que dire,
Dites que je suis trop vive, — c'est vrai, —
Que l'on ne peut pas enfin me maudire...
Et qu'à l'avenir je m'amenderai.

Que je ne serai plus jamais gourmande,
Ne toucherai plus aux objets proscrits,
Que j'ai des remords, que je deviens grande,
Et ne mangerai que les fruits permis.

Enfin, que je veux, pour calmer mes peines,
Au premier janvier, pour mon châtiment,
Que petite mère, en place d'étrennes,
Donne une autre tasse à ma grand'maman !

COMPLIMENT D'UN ENFANT

COMPLIMENT D'UN ENFANT

―

Comme je sommeillais au fond de ma couchette,
J'ai fait un joli rêve et vais te le conter :
J'ai rêvé qu'en ce jour on célébrait ta fête
Et que je m'apprêtais à te la souhaiter.

Alors je te donnais de beaux polichinelles
Et je te récitais des vers mélodieux !
Mais un bruit plus léger qu'un vol de tourterelles,
En chassant mon sommeil, fit entr'ouvrir mes yeux,

Hélas ! Tous ces joujoux que j'ai vus dans mon songe,
Je te les donnerais, ma mère, avec bonheur ;
Mais je ne les ai pas ! ce n'était qu'un mensonge !
    En échange, veux-tu mon cœur ?

LES FLEURS QUI PARLENT

LES FLEURS QUI PARLENT

Lorsque je vais, chaque matin,
Me promener dans le jardin,
Je ne cours pas, comme une folle,
Après les jolis papillons,
Dont les rapides tourbillons
Sont brillants comme une auréole.

Fuyant les regards indiscrets,
Je vais surprendre les secrets
Des fleurs, dont je sais le langage.

J'ai mis longtemps à le trouver ;
Enfin, à force d'observer,
Je connais leur doux bavardage.

La Rose parle doucement,
Avec un léger tremblement
Dans l'or pur de ses étamines ;
Elle a des mots pleins de bonté ;
Mais, à la moindre privauté,
Elle me montre ses épines.

Le Lis m'enseigne la candeur :
On dirait une bonne sœur,
Avec sa haute coiffe blanche.
L'Aubépine, d'un air mutin,
Me dit les cancans du matin,
En se balançant sur sa branche.

J'écoute les tendres aveux
Du Myosotis aux yeux bleus,
Qui ne veut pas que je l'oublie,

Et ris des efforts du Muguet,
Dont toute autre que moi suivrait
Les conseils de coquetterie.

Mais celle que j'aime le mieux,
Bien que cachée à tous les yeux,
C'est la timide Violette :
Comme un parfum, sa douce voix
Embaume mon cœur, chaque fois
Que nous causons en tête-à-tête.

La Tulipe, pleine d'orgueil,
De moi n'a pas le même accueil :
Je la trouve beaucoup trop fière ;
Et, dans le royaume des fleurs,
Malgré sa robe aux cent couleurs,
Je ne la mets pas la première.

Bavardages délicieux !
Quand le soleil, du haut des cieux,
Entr'ouvre leurs fraîches corolles,

Je vais vite les retrouver ;
J'assiste à leur petit lever
Et je recueille leurs paroles.

L'une me dit : — « Allons ! prends-moi ! »
Une autre : « — Je n'aime que toi ! »
Cette autre, dont je suis chérie,
Veut que dans un vase doré
Je la mette pour, — à son gré, —
Prolonger notre causerie.

Je n'ai pas, même en pension,
Trouvé pareille affection.
En bouquet, quand je les rassemble,
Je les vois trembler de plaisir,
Et puis, devinant mon désir,
Elles disent : « — Je t'aime ! » ensemble.

Et c'est pourquoi, de bon matin,
Je vais réveiller, au jardin,
Mes camarades endormies.

L'amitié, que l'on cherche ailleurs,
Ne se trouve que dans les fleurs :
Je ne veux pas d'autres amies !

BONSOIR, MAMAN !

BONSOIR, MAMAN !

Tu dors ? Eh quoi ! déjà couchée ?
Dans le creux de ton oreiller,
J'aperçois ta tête penchée.
Je ne veux pas te réveiller :
Je vais regagner ma couchette ;
Mais pourrais-je y dormir vraiment
Sans t'avoir dit, à l'aveuglette :
      Bonsoir, maman !

On m'a dit, — ça m'a fait grand'peine ! —
Que si tu t'étais mise au lit,
C'est à cause de ta migraine.
Ça fait bien mal, à ce qu'on dit !
Demain, du moins je le suppose,
Ton mal aura son dénouement;
Tu redeviendras fraiche et rose !
    Bonsoir, maman !

En attendant que tu te lèves,
Chère maman, — sommeille en paix ! —
Je vais t'envoyer de beaux rêves,
Aussi beaux que ceux que je fais.
Je ne sais qui me les envoie,
Mais c'est un éblouissement
Qui va te mettre dans la joie !...
    Bonsoir, maman !

Tu souris ! Le rêve commence !
    (Baissant la voix.)
Mais non ! Tu t'éveilles, je croi....
J'aurai parlé trop haut, je pense,

Ma bonne mère, excuse-moi !
Par la portière entrebâillée,
Je me sauve discrètement :
Pardon de t'avoir réveillée !...

    (Tout bas en envoyant un baiser.)

    Bonsoir, maman !

UNE

TEMPÊTE DANS UN BERCEAU

UNE
TEMPÊTE DANS UN BERCEAU

(L'enfant parle à sa poupée couchée dans un berceau.)

Ne bougez pas, Mademoiselle,
Nous allons causer toutes deux :
Je vous citais comme un modèle,
Vantais vos airs respectueux,
Et j'apprends, ô surprise extrême !
Et qui me fait me chagriner,
Que vous avez mangé la crème
Qu'on vous gardait pour le dîner !

— Vous dites ? — Petite effrontée !
Comment? Vous dites que c'est moi?
— A peine si je l'ai goûtée...
Vous avez de l'aplomb, ma foi !
Mais voici bien une autre chose :
Vous avez, paraît-il, taché
La charmante toilette rose
Qui vous venait du *Bon Marché*?

— Comment? — C'est par inadvertance?
Vous ne l'avez pas fait exprès?
Je l'espère bien, et je pense
Que vous avez de grands regrets !
Je puiserai, ne vous déplaise,
Dans votre épargne, que j'ai là,
Pour acheter une autre laize,
Afin de réparer cela.

— Ce n'est pas tout ! De la pendule
Vous avez cassé les ressorts :
Pas une aiguille ne circule !
Plaît-il?...—Vous les croyiez plus forts?

UNE TEMPÊTE DANS UN BERCEAU

Ah! pour le coup! la bonne excuse!
Et j'admire votre candeur!
— Jamais un enfant ne s'amuse
Avec les objets de valeur!

Il est un autre fait plus grave
Qui me revient en ce moment :
— Du chat vous faites votre esclave
Et vous l'agacez constamment.
Hier encor, au bout de sa queue
Vous avez fixé des grelots;
Il avait une frayeur bleue
Et faisait partout de grands sauts!

Et vous, je vous entendais rire
De la peur du pauvre animal
Dont vous prolongiez le martyre!
— Mademoiselle! C'est très mal!
Il faut avoir pitié des bêtes
Qui sont sensibles comme nous;
Les misères que vous leur faites
Se retourneront contre vous!

— Quoi! Vous dites que je vous gronde?
— Sans doute! Vous le méritez!
Un jour, vous irez dans le monde,
Que dira-t-on, si vous mentez?
Si vous n'êtes pas charitable?
Si vos vêtements sont tachés?
Si vous êtes gourmande à table?
Si vous avez tous les péchés?

On vous fuira comme une peste,
Vous serez seule dans un coin!
Tandis qu'une fille modeste
Se fait aimer, même de loin.
On la recherche, on la cajole,
On la gâte et, dans le malheur,
Chacun la plaint et la console.
Pourquoi? Parce qu'elle a du cœur!

— Vous pleurez? Allons! C'est bon signe!
Oui, vous avez le cœur contrit;
Corrigez-vous, devenez digne
D'une mère qui vous chérit!

— Allons, dormez en paix, mignonne,
C'est fini ! — Recouvrez vos bras,
Fermez les yeux, je vous pardonne !...
..... — Ah ! mais ne recommencez pas !

LA LETTRE DE L'ORPHELINE

LETTRE A UNE AMIE DE COUVENT

LA LETTRE DE L'ORPHELINE

LETTRE A UNE AMIE DE COUVENT

Depuis quinze jours bientôt, les vacances
Ont pris la gaîté de notre couvent;
Les grands corridors me semblent immenses,
J'y vais écouter la chanson du vent...
Du vent qui se plaint d'être solitaire,
De n'entendre plus l'accord de nos voix
Qui se mariait à sa voix austère !
— Bref ! il est parti pleurer dans les bois !
Pour le remplacer, le soleil superbe
S'installe partout, brillant comme un roi,

Donnant des baisers à la fleur, à l'herbe,
A l'arbre, à la source, à tout, même à moi !
Les petits oiseaux, vous sachant parties,
Entrent dans la classe, — on dirait des fous ! —
Et ce sont des jeux, ce sont des parties... !
Ils sont à coup sûr plus bruyants que nous !
Les fenêtres sont tout le jour ouvertes,
Pour donner de l'air, et laissent passer
Des mouches d'azur, ou blanches, ou vertes,
Dansant sans pouvoir jamais se lasser.
Et pendant ce temps, on nettoie, on lave,
On met tout à neuf, on rafraîchit tout,
Sous l'œil vigilant de sœur Saint-Octave
Qui, — comment fait-elle ? — est toujours partout.
J'aurai du plaisir à te parler d'elle.
Elle est orpheline, hélas ! comme moi.
Seule au monde, elle a choisi la tutelle
De Notre Seigneur : — elle avait la foi !
Elle m'a conté la joie infinie
Qu'elle eut, — quand elle a prononcé ses vœux ;
Elle m'a conté la cérémonie,
Elle m'a fait enfin les plus grands aveux.
Le monde pour elle est rempli de pièges
Où l'on doit tomber dès qu'on fait un pas ;

Il faut tout le temps soutenir des sièges !
Est-ce vrai, cela ? — Moi, je ne sais pas !
Elle aime, en retour, la paisible vie
Qu'on mène au couvent, en sécurité,
Avec la prière, où l'âme ravie,
Songe avec amour à l'éternité !
Moi je lui disais, — car je suis mondaine, —
Mais, ma sœur, voyons, ce n'est pas très gai !
Sans dire du mal des robes de laine,
Le jupon de soie est plus distingué.
La prière est bonne et je la pratique,
Mais, si j'étais en contemplation,
Je m'endormirais pendant un cantique,
Ou du moins j'aurais des distractions !
Elle souriait ! — Puis, disais-je encore,
Le monde est bien grand et superbe à voir ;
Entre quatre murs pourquoi donc se clore ?
Pourquoi dire : « Adieu » plutôt qu' « Au revoir ? »
Elle répondit, d'une voix amère,
Mais où cependant perçait la bonté :
« — Nul monde ne vaut celui que ma mère
» Habite aujourd'hui pour l'éternité ! »
Mais changeant de ton, vite, elle m'embrasse :
« — A quoi bon causer de ces choses-là ? »

Dit-elle, — « Laissez la sœur à sa place,
» Ne lui parlez plus jamais de cela ! »
Du reste, elle est gaie et non point austère,
Et puis bonne et douce, et je crois vraiment
Que, si j'avais eu le choix d'une mère,
Je l'aurais choisie, oh ! certainement !
Je passe le temps toujours avec elle
Sans ennuis, — pensant bien souvent à toi ! —
Allons, au revoir ! ma chère Isabelle !
Je t'embrasse fort !
     Surtout, réponds-moi !

LE SOUHAIT DE LUCETTE

LE SOUHAIT DE LUCETTE

C'est aujourd'hui le nouvel an,
Pour tous, c'est un grand jour de fête !
C'est un jour où l'on se souhaite
Tout ce qui passe par la tête !
— Que souhaiterais-je à maman ?

— La santé ? — C'est bien inutile,
Car maman se porte très bien.
Jamais, chez le pharmacien,

Pour elle on ne va chercher rien...
Ce serait un souhait stérile !

— La fortune ? — Nous en avons !
Nous avons chevaux et voiture,
Hôtel qui fait bonne figure,
Nous mangeons très bien ! — Je vous jure
Que jamais nous ne nous privons !

— Le bonheur ? — Maman est heureuse ;
Papa l'aime et je l'aime aussi ?
Elle n'éprouve aucun souci,
Jamais son œil n'est obscurci
Par une larme douloureuse !

Que pourrais-je lui souhaiter ?
— De beaux bijoux ? de la toilette ?
Des fleurs pour mettre sur sa tête ?...
— Non ! Car tout ce que je souhaite,
Elle peut très bien l'acheter !

LE SOUHAIT DE LUCETTE

Je voudrais trouver quelque chose
Qu'elle n'eût pas, — et ne pût pas
Se procurer ! — Quel embarras !
Maman a tout pour elle, hélas !
Tout, ou du moins je le suppose !

C'est le modèle des vertus !
Il n'est pas de meilleure mère !
Je cherche toujours à lui plaire
En faisant bien,... voulant mieux faire...
J'adore ma mère, au surplus !

Il n'en est pas une seconde
Sur la terre, je parierais !
Je ne la quitterai jamais !...
— Si quelque jour je la perdais,
Je la suivrais dans l'autre monde !

..... Parbleu ! voici mon compliment !...
— Où donc avais-je la cervelle ?

..... « Ta fille, ô ma mère modèle !
» Te souhaite d'être immortelle
» Pour t'aimer éternellement ! »

OH! MAMAN!

OH ! MAMAN !

Ah ! bien non ! ce n'est pas amusant d'être petite fille. Il faut être trop sage ! J'aimerais bien mieux être petit garçon ! On court, on va, on vient, on fait le diable et personne ne vous dit rien. Nous autres petites filles, au contraire, on nous fait asseoir, on nous accompagne partout, on a toujours peur que nous nous cassions ! Hier encore, j'ai été grondée ! C'est qu'aussi maman n'est pas raisonnable ! — Il faisait un temps superbe ! J'étais allée dans le jardin, et Dieu sait si je m'en donnais ! Je m'en donnais tellement que je ne m'aperçus pas que le temps s'était couvert et qu'il tombait des gouttes de pluie... Au milieu de mes courses, j'entendis tout à coup la voix de ma mère qui m'appelait : — « Allons ! Joséphine ! rentre, mon enfant, il va pleuvoir ! — (Vivement.) Oh ! maman ! je t'assure que non ! — Mais si ! mais si ! Tu vas être toute mouillée ! — (Avec prière.) Oh ! maman ! c'est que je m'amuse si bien ! — Allons, voyons, Joséphine, veux-tu m'obéir ? Rentre ! Je le veux ! — (Tristement.) Oh ! maman ! » — Il a fallu rentrer et ne pas répliquer ! Parce que maman est sévère ! Tout le monde lui dit qu'elle nous élève très bien, alors... elle en abuse ! — Moi, je n'étais pas contente ! Je me suis mise à bouder. — C'est une habitude que j'ai : quand on ne fait pas ce que je veux, je boude ! Ça me réussit quelquefois !... Mais avec maman, jamais ! — Je boudais donc ; ça m'ennuyait, parce que pendant ce temps là je ne jouais pas, mais ça ne fait rien, je boudais ! Je m'étais réfugiée debout dans un coin, tournant le dos à ma mère. Je faisais une vilaine grimace... comme ça (Elle avance la lèvre inférieure.) et je roulais mon tablier dans mes doigts, comme ça (Elle roule un coin de son tablier), puis, de temps en temps, je tapais du pied, en signe d'impatience. (Elle frappe du pied.) Maman n'avait pas l'air de faire attention à moi ! Ça m'agaçait ! Cette situation ne pouvait pas durer ! Je me sentais ridicule ! Et puis, malgré moi, je me sentais disposée à la révolte !... Parce que... Ah ! il faut bien l'avouer, j'ai un mauvais caractère ! C'est mon père qui a trouvé ça ! Il a dit à ma mère : Cette petite fille a un vilain caractère, il faut la mater ! — J'étais toujours debout dans un coin ; ça me paraissait long : j'avais envie de pleurer, mais je me retins... Enfin ma mère se décida à parler : — Joséphine ! viens près de moi, mon enfant ! — Non, je ne veux pas ! — A peine eus-je dit ces vilains mots, que je m'en repentis ! Mais c'était parti malgré moi ! — Ma mère ne me passe rien ! — C'est bien ! me dit-elle, puisque tu aimes ce coin là, tu y resteras toute la journée ! — (Avec reproche.) Oh ! maman ! — Et on t'y apportera ton dîner : du pain sec ! (Avec indignation.) — Oh ! maman ! -- Et tu te coucheras tout de suite après ! (Avec colère.) Oh ! maman ! — Voilà comment j'ai été traitée ! Oui, je suis restée toute la journée debout dans un coin, j'ai mangé mon pain sec et je me suis couchée à sept heures ! Ça, ça m'a fait plaisir parce que j'étais très fatiguée, je n'en pouvais plus ! Je me suis endormie tout de suite et je n'ai fait qu'un somme jusqu'au matin. — Quand je me suis réveillée, je ne me souvenais plus de rien. L'orage de la veille était passé, le soleil luisait à travers mes

rideaux blancs, et j'entendais les oiseaux qui babillaient. Je me disais : Si j'étais petit oiseau, je ne resterais pas comme cela si près des maisons, j'irais dans les champs, dans les bois, dans le haut des arbres, où il doit se trouver de bien jolies choses : des mousses vertes, des feuilles tendres, des nids, de jolis petits nids avec des œufs ! Puis, je pensais : Comme ça doit être agréable de voler ! Tout à coup, j'entendis un coup de fusil suivi d'un grand froissement d'ailes et de petits cris désespérés. C'était mon père qui venait de tuer un moineau, et la pensée me vint que si j'avais été oiseau, j'aurais pu recevoir du plomb. Mon enthousiasme pour les promenades en l'air se calma aussitôt. Le bruit d'une clef dans ma serrure changea soudain le cours de mes idées, ma porte s'ouvrit et ma mère entra. Je me rappelai immédiatement tout ce qui s'était passé la veille, et ne sachant pas dans quelles dispositions était ma mère, je fis semblant de dormir !
— Ecoutez ! Je veux être franche ! Si ma mère avait été encore sévère, je me connais, j'aurais encore boudé; mais heureusement elle ne le fut pas, elle fut même trop bonne ! — Elle s'approcha doucement de mon lit et m'embrassa ! — J'entr'ouvris les yeux et je vis sa belle figure souriante qui me regardait avec

amour. — Eh bien! méchante enfant, me dit-elle, sais-tu que tu m'as fait beaucoup de peine, hier? — (Avec confusion.) Oh! maman! — Je n'en ai pas pu diner! — (Avec plus de confusion.) Oh! maman! — J'ai eu l'idée de venir te trouver, mais ton père n'a pas voulu, et ça m'a fait bien du chagrin. — (Avec sentiment.) Oh! maman! — C'est que je t'aime bien, je veux que tu sois un jour une belle fille, bien savante, bien élevée, et que tu nous fasses honneur! — (Avec des larmes.) Oh! maman! maman! — Allons! ne pleure pas, mon enfant, tout est oublié! Tu ne le feras plus! dis? — (Avec reconnaissance.) Oh! maman! — Alors, je me suis levée en embrassant ma mère, et, vraiment peinée d'avoir été si mauvaise, je me suis bien promis de ne l'être plus. — Et pourtant, tout à l'heure encore j'étais de mauvaise humeur parce que, comme le temps est incertain, la promenade que nous avions projetée n'aura pas lieu! Mais je vais faire attention à moi! C'est que je l'aime bien, malgré tout, ma bonne mère, et je ne veux pas lui faire du chagrin! Si elle allait ne plus m'aimer! — Oh! non! Je veux qu'elle m'aime toujours! — N'est-ce pas que tu m'aimeras toujours? — (Avec tendresse.) Oh! maman! ma bonne maman!

PRIÈRE NAÏVE

PRIÈRE NAÏVE

—

I

Tous les soirs, mère et moi, faisons notre prière
Dans sa chambre, à genoux, l'œil vers le Christ levé;
Moi, je dis les répons; elle, d'une voix claire,
Murmure le *Credo,* le *Pater* et l'*Ave.*

De ces prières là, le bon Dieu se contente ;
Il est si bon ! Mais moi, je le dis franchement,
Je suis souvent distraite et rarement fervente :
Oh ! je ne brille pas par le recueillement !

Mais je prierais bien mieux, c'est ma ferme assurance,
Si je parlais à Dieu de mes goûts, de mes jeux,
De mes devoirs..., si je lui faisais confidence
De tout ce que je fais et de ce que je veux.

Aussi, comme aujourd'hui ma mère est en voyage,
Que je suis seule, — Dieu ne saurait m'en vouloir ! —
Au lieu de réciter les paroles d'usage,
Faisons, à ma façon, ma prière du soir !

(Elle s'agenouille.)

PRIÈRE NAÏVE

II

Mon Dieu ! D'abord, je dois vous dire : Je vous aime !
Ça, vous le savez bien, je vous aime ardemment,
Car vous m'avez donné cette faveur suprême :
Un père que j'adore et ma chère maman !

Mais je suis seule, hélas ! et souvent je m'ennuie ;
Aussi je voudrais bien une petite sœur...
Oh ! je l'aimerais tant ! Mon Dieu, je vous en prie,
Faites-moi ce cadeau !... J'aurais tant de bonheur !

Alors, je vous promets d'être plus studieuse,
Car je devrai donner l'exemple, n'est-ce pas ?
Puis ma mère, je crois, serait bien plus heureuse
En serrant un enfant aimé dans chaque bras !

Ce serait si gentil de nous voir, le dimanche,
Nous promener ensemble en nous tenant la main ;
Nous aurions toutes deux la même robe blanche,
Comme sur un rameau sont deux fleurs de jasmin !

Moi, qui serais l'ainée et la plus raisonnable,
Je la conseillerais ; je voudrais lui montrer,
Par exemple, comment l'on doit s'asseoir à table
Et manger proprement... et ne rien désirer !

C'est moi qui soignerais sa petite toilette,
Moi qui voudrais natter ses beaux cheveux dorés
Et mettre des rubans et des fleurs sur sa tête...
Et je me mirerais dans ses yeux azurés !

Que ma poupée alors me semblerait puérile !
Mais je la donnerais à ma petite sœur,
Heureuse de la voir, d'une main inhabile,
L'habiller, la parer, la presser sur son cœur !

III

Si c'est trop demander de votre omnipotence,
Mon Dieu, pardonnez-moi, je restreindrai mes vœux.
En vous demandant moins, j'obtiendrai mieux, je pense.
A défaut d'une sœur, voici ce que je veux :

D'abord, je ne suis pas précisément gourmande,
Mais j'aime les gâteaux !... Je m'en ferais mourir !
Inspirez à maman — avant que j'en demande, —
De les aimer de même et puis... de m'en offrir !

Je ne suis pas non plus coquette ; la modiste
A cependant chez elle un bien joli chapeau !
J'aurais voulu l'avoir, mais ma mère résiste...
Dites donc à maman de m'en faire cadeau !

On ne peut m'accuser d'être une paresseuse ;
Mais quand je pense au jeu, j'ai de petits frissons ;
Inspirez à maman d'être moins rigoureuse
Et de diminuer mes heures de leçons !

C'est tout ! Et maintenant je finis ma prière
En vous priant, mon Dieu, d'excuser le babil
D'un enfant de huit ans passés. — Au nom du Père
Et du Fils et du Saint-Esprit. Ainsi soit-il !

LA PETITE BOUQUETIÈRE

LA PETITE BOUQUETIÈRE

Les fleurs du printemps sont écloses,
Sentez-les, leurs parfums sont doux !
Qui veut des lilas et des roses ?
Voyons ! Messieurs, fleurissez-vous !

I

Fleurissez-vous, Messieurs, je suis la Bouquetière !
    Admirez mon panier de fleurs,

J'en ai de toutes les couleurs !

De ma récolte je suis fière !

Ah ! c'est qu'il ne faut pas flâner dans mon métier !

A cinq heures, quand je me lève,

Je dois interrompre mon rêve,

M'habiller en deux temps, descendre l'escalier

Et, — sans songer à ma toilette, —

Commencer d'abord ma cueillette !

Ce métier vous parait peut-être séduisant ?

Il n'est pas toujours amusant !

— Aller, les pieds dans l'herbe, où brille la rosée,

N'est pas besogne malaisée,

Mais le pied est bientôt trempé

Et le rhume vite attrapé !

D'autres fois, le soleil se met de la partie

Et l'on a la nuque rôtie !

Puis, il faut se courber tout le long des terrains

Et ça vous fait très mal aux reins !

Sans compter qu'on se pique aux dards des églantines,

Que les roses ont des épines

Qui vous mettent les doigts en sang,

Et que la violette, avec sa modestie,

Se cache souvent sous l'ortie

Qui vous donne un baiser cuisant !

Les fleurs du printemps sont écloses,
Sentez-les, leurs parfums sont doux !
Qui veut des lilas et des roses ?
Voyons, Messieurs, fleurissez-vous !

II

Lorsque mon grand panier est plein de ma cueillette,
    La besogne est à moitié faite ;
    Il faut alors trier les fleurs
    Et couper les tiges rebelles,
    Afin de plaire aux amateurs
    Qui ne veulent que les plus belles !
C'est encor long, cela ; — mais ne fatigue pas
    Les reins, la tête ni les bras !
    Puis, pendant que je les dispose
    En petits tas, à ma façon,
    Moi, je pense à tout autre chose
    Et je fredonne une chanson !
    Quand ma chanson est terminée,
    Une autre suit... — sans me flatter,

Je pourrais, toute une journée,
En chanter, sans me répéter !
Car en chantant ainsi je songe à ma cueillette,
Et je calcule dans ma tête
Si j'ai suffisamment de fleurs
Pour contenter les acheteurs.

Les fleurs du printemps sont écloses,
Sentez-les, leurs parfums sont doux !
Qui veut des lilas et des roses ?
Voyons, Messieurs, fleurissez-vous ?

III

C'est que, voyez-vous bien, chez nous, je suis l'aînée :
J'ai douze ans, et mes sœurs sont plus jeunes que moi ;
Il me faut gagner ma journée
Et je la gagne bien, ma foi !
Mon père est mort, ma mère aussi ; — J'ai ma grand'mère,

Mais elle est presqu'aveugle et ne peut travailler ;
Je suis seule à gagner chez nous... et j'en suis fière !
  Il faut me voir me débrouiller !
J'habille les enfants, je les mène à l'école
Et je vais les chercher le soir. — La grand'maman
  Pleure parfois, je la console,
  Car je l'aime bien tendrement.
Il faut nous voir, le soir, près de la cheminée,
  Lorsque je compte à haute voix
  La recette de la journée :
— Les fillettes, avec leur gai petit minois,
Et grand'maman, plus loin, tricotant des chaussettes,
  L'œil abrité sous des lunettes
  Dont ses yeux ne profitent pas ;
  Puis moi, faisant mes embarras,
Avec mes sous ternis, mêlés de pièces blanches,
Et disant : — Mes enfants, dans deux ou trois dimanches,
Si le bon Dieu veut bien nous protéger encor,
Nous pourrons mettre à part un petit écu d'or !
La grand'mère sourit, les enfants font de même,
Et moi, je ris tout haut et leur dis : — Je vous aime !
  — Mais je bavarde sottement !
  Il vaut mieux, bien certainement,
  Vous redire mon boniment :

Les fleurs du printemps sont écloses,
Sentez-les, leurs parfums sont doux !
Qui veut des lilas et des roses ?
Voyons, Messieurs, fleurissez-vous !

FIVE O'CLOCK TEA

FIVE O'CLOCK TEA

LE THÉ DE CINQ HEURES

(Un canapé à gauche, au milieu duquel sont placées deux poupées. A droite, un guéridon chargé de gâteaux et de thé, avec deux chaises auprès.)

LUCE, MARIE.

LUCE, entrant, allant saluer sa poupée.

Bonjour ! c'est moi ! Pardon ! je suis tout essoufflée !

(Elle s'assied sur le canapé, à gauche des poupées.)

Je viens du *Bon Marché* ; Dieu ! quel horrible temps !

MARIE, entrant, s'adressant aux poupées et à Luce.

Bonjour, chère ! Bonjour, Luce ! quelle journée !
Vraiment, je n'en puis plus !

(Elle s'assied à droite des poupées.)

J'arrive du *Printemps !*

LUCE

Vous aimez le *Printemps ?*

MARIE

Un magasin modèle,
Ma chère, on trouve tout, on fait tout déplier
Et on n'achète pas, si l'on veut. Pleins de zèle,
Les commis sont charmants, puis, c'est dans mon quartier.

LUCE

Je vais au *Bon Marché*, moi, c'est la même chose.

MARIE

Chacun son goût !

LUCE

C'est vrai !

MARIE

Qu'avez-vous acheté ?

LUCE

Une robe ! Un bijou ! C'est une étoffe rose
Et qui fera fureur, à coup sûr, cet été.
On se l'arrache ! — Mais c'est cher ! Je me ruine !

MARIE

Moi, j'ai pour mes bébés pris de la grenadine,
C'est simple, c'est léger, et puis très bien porté !

LUCE à la poupée qui est près d'elle.

Comme nous, avez-vous fait des achats, Madame ?
Non ?... Car vous êtes sage et vous avez raison.
Vous ne vous laissez pas prendre par la réclame
Et vous savez tenir très bien votre maison.
Vous dites ?... Un gâteau ?... Ma foi, je vous avoue
Que je me meurs de faim, j'accepte avec plaisir.

(Elle se lève et se regarde dans la glace en passant, et ensuite elle prend dans sa poche une bonbonnière de poudre de riz et s'en sert.)

Ah ! remettons un peu de poudre sur ma joue !
C'est cela !... Moi, le froid me fait toujours rougir !

(A Marie.)

Accompagnez-moi donc, Marie ?

(Marie se lève et la suit au guéridon.)

— Ah ! de la crème !
C'est divin ! Ces nougats sont-ils assez tentants ?

Et ce flan ? — Les gâteaux ! d'abord moi, je les aime
A m'en faire mourir !... mais je m'arrête à temps !

MARIE, s'asseyant.

Tant mieux !

LUCE, assise et mangeant des gâteaux.

Un jour, avec mon grand cousin Emile,
Nous avons parié d'en manger chacun dix.
Dix ! des gros ! j'ai gagné ! — J'en aurais mangé mille !
Mon cousin n'est allé pas au-delà de six ;
Encore le dernier, — c'était vraiment comique
De le voir s'escrimer dessus *ab hoc, ab hac !*
Si c'est ainsi que l'on mange à Polytechnique,
Nos généraux futurs ont bien piètre estomac !...

MARIE

Nos généraux futurs, je les en félicite,
Ont l'estomac moins grand que le cœur !

LUCE

Sur ma foi,
Un solide mangeur a pour moi du mérite !

MARIE

Un grand cœur a bien plus de mérite pour moi.

LUCE, offrant des gâteaux.

Encore un ?

MARIE

Non ! merci, je n'ai plus faim, ma chère !
(Vivement, avec répugnance.)
Ah ! ces gâteaux !

LUCE

Quoi donc !

MARIE

Rien.

LUCE

A quoi pensez-vous ?

MARIE

Je pense aux malheureux qui font si maigre chère,
Tandis que le bien-être existe autour de nous.

LUCE

Que voulez-vous ? Chacun ne peut pas être riche.

MARIE

C'est vrai ! Mais je voudrais alors que l'homme heureux
Envers les pauvres gens ne fût pas aussi chiche,
Et que sa large part fût séparée en deux.

LUCE

Vous voudriez alors que ma femme de chambre
Comme moi prit son thé, dépensât comme moi,
Eût comme moi son linge avec un parfum d'ambre
Et fit.....

MARIE, l'interrompant.

Vous vous moquez, Lucette, je le voi !
Non ! Mais je vais parfois, avec ma bonne mère,
Dans les taudis, sans air l'été, — l'hiver sans feu;
J'y vois de pauvres gens flétris par la misère
Sans forces, sans espoir, attendant tout de Dieu !

LUCE

Ce n'est pas gai !

MARIE

C'est vrai ! Pourtant quelle est ma joie,
Quand après un secours donné discrètement,
J'aperçois tout à coup leur œil sec qui se noie
De larmes, quand j'entends leur doux remerciement,
Quand je vois se nourrir la famille affamée,
— La mère ayant servi tout d'abord chaque enfant, —
Et quand ensuite, — après la porte refermée,
Ma mère sur moi jette un regard triomphant !

LUCE, cessant de manger.

J'ignore ce bonheur, moi qui n'ai pas de mère !.

MARIE

Mais venez un beau jour avec moi !

LUCE

Nous verrons !
Je n'ai pas le cœur dur, croyez-le.

MARIE

Je l'espère !
Prenons jour, voulez-vous ?

LUCE

Qu'est-ce que nous ferons ?

MARIE

Une farce !

LUCE

J'en suis !

MARIE

Mais une farce honnête !

LUCE

Bien entendu ! — D'abord est-il sûr qu'on rira ?

MARIE

J'en réponds! — Dans huit jours, de Noël c'est la fête :
Si vous voulez m'aider, voici ce qu'on fera.

LUCE

J'écoute!

MARIE

    Mais d'abord, il faut que je vous dise
Qu'il faudra ce soir-là, — car ce sera le soir! —
N'avoir pas un accès subit de gourmandise...

LUCE, malignement.

Je tâcherai!... Pourtant on ne peut pas savoir!

MARIE

Non, non! promettez-moi...

LUCE

          Soit! Que faudra-t-il faire?
Vous me faites languir! Allons, vite! abrégez!

MARIE

Ecoutez! A minuit! C'est l'heure du mystère!
Vous m'accompagnerez chez mes chers protégés.
Vous mettrez une robe blanche, une couronne
De papier doré.

LUCE

Bien ! je me déguiserai,

Ça va !

MARIE

Vous ne direz pas un mot, — à personne !...

LUCE

Mon rôle est déjà su.

MARIE

C'est moi qui parlerai.
Vous tiendrez à la main un panier plein de choses
De toute espèce : bas, tricots, joujoux, gâteaux,
Bonbons, linge; le tout orné de faveurs roses
Et bien caché, car nul ne doit voir nos cadeaux.
Alors, toutes les deux, nous ferons nos visites.
— Il nous faudra monter parfois tout près du ciel,
Comme aussi pénétrer dans de bien tristes gîtes ! —
Et là, j'annoncerai : — « La mère de Noël ! »
Oui, du petit Jésus l'on vous croira la mère !
Et vous verrez alors les yeux tristes et doux
De ces pauvres enfants, martyrs de la misère,
Avec étonnement se diriger sur vous.
Ensuite je dirai ce que Noël leur donne ;
C'est là que nous rirons en voyant leur gaîté !

LUCE

Vous êtes, ô Marie, une bonne personne ;
Je veux m'associer à votre charité !
Oui ! ce plaisir nouveau, je saurai le comprendre !

MARIE, regardant sa montre et se levant.

Quoi ! sept heures déjà ? Le temps passe en goûtant.

LUCE, se levant.

C'est l'heure où mon cocher doit revenir me prendre.
Venez-vous avec moi ?

MARIE

Merci, le mien m'attend !

(Elles se dirigent vers les poupées.)

LUCE, à sa poupée.

Adieu, Madame !

MARIE, même jeu.

Adieu, Madame !... Je vous prie,
Ne vous dérangez pas !

LUCE

Demeurez ! — Vous savez,
Je reçois le mardi...

MARIE

Moi, le jeudi !

LUCE à la porte, embrassant Marie.

Marie !
Je vous aime ! Vous êtes bonne !... Allons, venez !

(Elles sortent.)

LUCE, rentrant.

Du projet de Marie encor toute frappée,
Je rentre... Car enfin il est bien naturel
Qu'au fond de mon panier je glisse ma poupée,
Puisque c'est moi qui suis la mère de Noël !

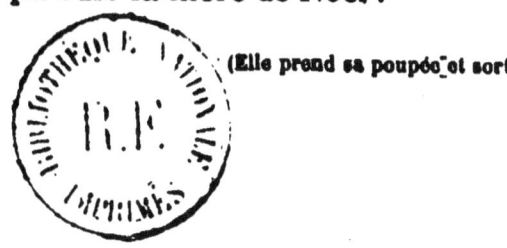

(Elle prend sa poupée et sort.)

LA PETITE PRINCESSE

DIALOGUE

LA PETITE PRINCESSE

DIALOGUE

CÉLINE, puis BERTA

CÉLINE

Ma mère est, voyez-vous, une très grande dame
Qui ne plaisante pas ! Tout tremble à son aspect.
Je l'aime, oh ! oui, je l'aime ! Et de toute mon âme !
Mais dès qu'elle paraît, l'amour cède au respect !

Mon éducation est fort bien dirigée
Par une vieille Miss qui fait ce qu'elle veut.
Je dois rarement rire, être sage, rangée,
Sortir quand il fait beau, travailler quand il pleut.
Je ne dois pas parler aux enfants de mon âge
Qui ne sont pas du monde où je suis... C'est pourquoi
Je suis seule ! Toujours seule et triste ! Et j'enrage
De les voir s'amuser et rire autour de moi.
Aussi j'ai résolu, malgré Miss et ma mère,
De m'amuser un jour... — Ce jour est arrivé !
Avec Berta, je veux aujourd'hui me distraire.
C'est une Italienne, un pauvre enfant trouvé
Qui mendiait le soir aux portes des cuisines,
Et que l'on renvoyait assez cruellement.
J'eus pitié ! — Je lui dis : — « Il faut bien que tu dînes !
» Viens manger, nous jouerons après, bien gentiment ! »
— Et je l'ai fait entrer ! — Ma mère est en visite,
Miss prend son thé... — J'ai pris des gâteaux au buffet
Et Berta mange ! Oh ! mais comme elle s'en acquitte !
Ce n'est pas tout ! Sachez encor ce que j'ai fait :
— Comme la pauvre enfant n'est pas de notre monde,
En me voyant jouer avec elle, bien sûr,
Miss gronderait ! — Si vous saviez comme elle gronde !
Sa voix est grosse... grosse !... Et son œil devient dur ! —

Pour éviter cela, j'ai dit à la pauvresse :
« — Mets cette belle robe et ce chapeau léger
» Et je t'appellerai princesse ! » — Une princesse
Peut jouer avec moi, je crois, sans déroger !
Elle s'habille et va venir ! La bonne aubaine !
Maman n'en saura rien, Miss fermera les yeux,
Et je puis assurer que toute la semaine,
Grâce au plaisir acquis, je travaillerai mieux !

(Berta entre, elle tient à la main un accordéon.)

La voici ! Regardez ! Elle est toute charmante
Avec ses grands yeux noirs; ma robe lui va bien !
La toilette, c'est tout ! « — Voyons ! Es-tu contente,
Berta ? Tu n'as plus faim ? Ne te manque-t-il rien ? »

BERTA

Non, Signora !

CÉLINE

Pour lors, ma petite princesse,
Causons d'abord, veux-tu ? Dis-moi, dans ton pays,
Que ça doit être beau ! L'on m'en parle sans cesse.
L'Italie ! On m'en fait de merveilleux récits !
Connais-tu Rome ?

BERTA

Rome ! oui !

CÉLINE

C'est beau !

BERTA

Non, c'est triste !
Des ruines partout !... Des carrefours déserts...
J'aime mieux ta maison.

CÉLINE

Tu n'es pas une artiste !

BERTA

Si, sur l'accordéon je sais jouer des airs !

CÉLINE

Tu ne me comprends pas ! L'art, c'est tout autre chose
Que ta musique ! L'art, m'a dit Miss, c'est le beau !
Or, c'est beau, des palais ruinés... Je suppose !

BERTA

Hélas ! Combien de fois dans mon petit manteau
Ai-je passé ma nuit, ayant pour lit des herbes,
Dans ces vilains palais où je mourais de peur !
Ah ! je ne trouvais pas les ruines superbes,
Un simple matelas m'eût semblé bien meilleur !

CÉLINE

Pauvre Berta ! — Voyons ! Chasse cette tristesse !
Redresse-toi, prends l'air des dames de la cour.
Ton rôle, maintenant, est d'être une princesse.
Princesse ! Mais qui sait? Tu pourrais l'être un jour !

BERTA

Qu'est-ce qu'une princesse ?

CÉLINE

      Eh bien, dans les histoires
Que Miss me lit parfois avant de m'endormir,
Il est des rois qui sont affligés d'humeurs noires,
L'ennui les tue, et rien ne peut les réjouir !
Ils sont découragés, le plaisir ou l'étude
Les rend indifférents... Ils sont très malheureux !
Ils s'en vont dans les bois chercher la solitude...
C'est alors que le ciel, enfin, a pitié d'eux !
Ils rencontrent toujours une jeune bergère
Comme toi, par exemple, et c'est une beauté,
Comme toi, — leur bon cœur s'émeut de sa misère,
Et tout à coup, l'ennui qu'ils ont les a quitté !
Un roi fait ce qu'il veut, — n'est-ce pas ? — Il l'épouse !
Et la voilà princesse ! Oui ! princesse, ma foi !

C'est en vain qu'à la cour plus d'une la jalouse :
Elle est princesse ! Car c'est l'épouse du roi !

BERTA

On rirait trop de moi !

CÉLINE

Pourquoi ?

BERTA

De l'ignorante,
Le roi, si bon qu'il soit, serait bien vite las.
J'aimerais mieux vraiment qu'il me prit pour servante,
Je serais à ma place et n'en descendrais pas !

CÉLINE

Mais l'on te donnerait des maîtres, pour apprendre
Tout ce qu'il faut savoir !... Tu te transformerais.

BERTA

Eh bien ! va dire au roi qu'il peut venir me prendre !

CÉLINE

Ah ! si je le pouvais, comme je le ferais !
— Tout ce que je t'ai dit, c'est un conte... pour rire,
Mais enfin te voilà princesse, de par moi :

Cherche dans ton cerveau, que pourrais-tu me dire,
Si je te rencontrais et que je fusse roi ?
Que demanderais-tu ?

BERTA

Voilà ! Beaucoup de choses !

CÉLINE

Mais quoi ?

BERTA

Premièrement, des gâteaux, c'est si bon !
Puis des fleurs ! J'aime tant les fleurs, surtout les roses !
Puis, — oh ! mais j'y tiendrais ! — un autre accordéon :
Celui-ci ne va pas très bien...

CÉLINE

C'est tout ?

BERTA

Sans doute !
Que désirer de plus ? C'est suffisant, je crois...

CÉLINE

Voyons, cherche encore...

BERTA

                Ah ! si tu voulais ?... Ecoute !

(Bas à l'oreille de Céline.)
Je voudrais ne jamais me séparer de toi !...

CÉLINE

Vrai ? bien vrai ?

BERTA

        Bien vrai ! Mais, hélas ! c'est impossible !

CÉLINE

Tu te trompes, Berta, nous allons aviser.
Si ma mère est sévère, elle est aussi sensible,
Et, pour la conquérir, il ne faut qu'un baiser :
Quand elle va venir, je me ferai petite
Dans ses bras, — lui jetant mes regards les plus doux, —
Et puis je lui dirai : « — Mère, viens tout de suite,
» La fée Urgèle a fait un miracle pour nous !
» — Un miracle ! — Un miracle, ou je serais trompée, —
» Tu n'avais qu'une fille, eh bien, t'en voici deux !
» Elle a, pendant la nuit, transformé ma poupée
» En une belle enfant qui rit, ouvre les yeux,
» Mange, cause, babille, est tout à fait mignonne;
» A qui je veux montrer ce que je sais déjà
» Et qui, si tu le veux, toi si tendre et si bonne,
» Comme une jeune sœur près de moi grandira ! »

Tu paraîtras alors et, — je connais ma mère, —
Elle ouvrira ses bras, pour nous deux assez grands,
Et tu ne seras plus toute seule sur terre
Car, ma mère avec moi, nous serons tes parents !
Veux-tu ?

BERTA

Si je le veux ! C'est donc vrai que tu m'aimes?

CÉLINE

Oui ! Mais autant que moi, Berta, tu m'aimeras ;
Nos travaux enfantins, nos jeux seront les mêmes :
Et puis,... jamais, jamais tu ne me quitteras !

BERTA

Jamais ! Oh ! tout cela c'est un rêve, je pense !
Oui ! Tout quitter pour toi, car ton cœur est si bon !
Mais je conserverai mon vieil ami d'enfance...

CÉLINE

Comment l'appelles-tu ?

BERTA

C'est mon accordéon !

(Céline embrasse Berta et sort en lui pressant la main.)

LES BAVARDES

DIALOGUE

LES BAVARDES

DIALOGUE

FRANÇOISE, MARGOT, vêtues en cuisinière, un panier sous le bras.

FRANÇOISE

Tiens ! vous voilà, Margot ? D'où venez-vous comme ça ?

MARGOT

Ah ! c'est vous, Françoise ? Je reviens du marché.

FRANÇOISE

C'est comme moi ! Nous avons du monde à la maison :

un grand dîner, ma chère ! Je n'ai pas une minute à perdre aujourd'hui.

MARGOT

Moi non plus ! C'est aujourd'hui la fête de Madame, et on met les petits plats dans les grands. Etes-vous de sortie dimanche prochain ?

FRANÇOISE

Oui, c'est mon jour ! Si vous voulez, nous passerons la journée ensemble, et nous causerons !

MARGOT

Avec plaisir ! Adieu, Françoise ! (Elle s'éloigne.)

FRANÇOISE

Adieu, Margot ! (Elle feint de s'éloigner, puis s'arrête.) A propos..

MARGOT, s'arrêtant.

Quoi ?

FRANÇOISE

Vous ne savez pas ce qui m'arrive ? Je vais peut-être quitter ma place...

MARGOT

Vraiment ! Contez-moi donc ça !

FRANÇOISE

Oh ! c'est toute une histoire ! A la maison, il y a deux petits garçons, très mal élevés, qui sont toujours fourrés à la cuisine ; je les renvoie d'un côté, ils reviennent de l'autre ; ils sont gourmands et touchent à tout ; j'ai beau me plaindre à Madame, elle ne fait qu'en rire et les trouve charmants. Moi, je ne puis pas les sentir ! Ils le savent bien : aussi sont-ils continuellement à me faire des niches. L'autre jour, nous avions à dîner leur précepteur, et, pour lui faire honneur, on m'avait commandé un petit plat : des beignets aux pommes...

MARGOT

Je les aime beaucoup !

FRANÇOISE

Moi aussi ! Mais, avec les enfants, il n'en revient jamais à la cuisine ; aussi, j'en garde toujours deux ou trois pour moi. Toute la journée, les moutards avaient été sur mon dos ! Ils avaient voulu éplucher les pommes ; je les avais laissés faire pour avoir la paix. De temps en temps, ils en mangeaient des morceaux, sous prétexte qu'ils étaient gâtés ; je n'y avais pas fait attention. Moi, je m'occupais de mon dîner. Je dressais les hors-d'œuvres : le beurre, les olives, les saucissons ; je parais mes plats et je préparais ma pâte à beignets. L'heure s'avançait, mais j'étais prête. — Je voyais bien mes espiègles ricaner derrière mon dos, mais j'y étais habituée et je les laissais faire. Enfin, ma table est mise, le précepteur arrive, et le dîner commence. — A peine ai-je enlevé le potage, voici qu'un violent coup de sonnette me rappelle ! — J'accours ! Madame me dit : — Eh bien, Françoise ! et les saucissons ? — Mais, Madame, je les ai mis sur la table. — Vous voyez bien qu'ils n'y sont pas ! — Je veux m'expliquer ; mais avec les maîtres, surtout quand il y a du monde, il n'y a rien à dire. — Cependant, j'étais bien sûre de ne les avoir pas oubliés.

MARGOT

Les enfants les avaient mangés !

FRANÇOISE

Non ! vous allez voir ! — Le dîner s'avance ; j'apporte le rôti et la salade et je m'apprête à faire mes beignets, quand tout à coup ma lampe s'éteint. Je n'avais plus d'huile — impossible d'aller en chercher ; — et comme Madame met tout sous clef, je ne puis pas même me procurer un bout de bougie, mais mon fourneau m'éclairait un peu. Je me hâte, je prends l'assiette où j'avais mis mes ronds de pomme et les jette dans la pâte. En un clin d'œil, mes beignets sont prêts; je les couvre de sucre et je sers.

MARGOT

Vous en aviez gardé pour vous ?

FRANÇOISE

J'étais si préoccupée que je n'y avais pas pensé ! — Alors, comme je remuais à tâtons toutes mes burettes, pour voir s'il ne me restait pas un peu d'huile pour rallumer ma lampe, voici qu'un coup de sonnette furibond me fit bondir ! J'accourus dans la salle à manger. — Qu'est-ce que c'est que ça ? me dit Madame, en me montrant le plat de beignets... — Ça, Madame ! ce sont les beignets ! — Des beignets au saucisson !! me cria-t-elle en me faisant des yeux furieux ! — J'étais anéantie ! Les gamins riaient : c'était eux qui avaient fait le tour ! — Ils avaient mangé les pommes et saupoudré de farine mes ronds de saucisson. — Je n'y avais rien vu ! — Alors, après le dîner, quelle scène, ma chère ! Elle m'a donné mes huit jours ! — Je sais pourtant que les enfants ont avoué; aussi Madame ne parle-t-elle plus de mon départ. Mais aujourd'hui nous avons dix personnes à dîner : il ne faudra pas que je fasse une faute, car je serais chassée le soir même !

MARGOT

Vous vous plaignez des petits garçons ! mais les petites filles, c'est bien pis !

FRANÇOISE

Au moins, celles-là ne vont pas à la cuisine !

MARGOT

Si, comme les autres ! Elles m'ont fait un jour un tour pendable !

FRANÇOISE

Vous avez donc des petites filles chez vous?

MARGOT

Il y en a deux, de huit et dix ans. Leur mère est morte et le papa les gâte. — Un jour, je m'étais assise dans ma cuisine et je plumais un poulet. Elles étaient venues s'asseoir près de moi, sous prétexte de ramasser les plumes. Moi, toute à ma besogne, je ne faisais pas attention à elles et je chantais une chanson de mon pays, en pensant que j'aurais bien mieux fait de rester au village, auprès de mes parents, plutôt que de venir chercher fortune à Paris. Le petites, les plumes en main, me laissent, au bout d'un moment, chanter et rêver à mon aise. Mais, quand je voulus me lever, impossible ! Les petites mâtines n'avaient-elles pas cousu ma robe aux barreaux de ma chaise ! On n'a pas idée de ces malices-là ! J'ai mis plus d'une heure à me découdre ! Mon dîner a été en retard et j'ai été grondée.

FRANÇOISE

Quand je me replacerai, ce sera dans une maison où il n'y aura pas d'enfants.

MARGOT

Et moi aussi.

FRANÇOISE

Et cependant je n'aime pas à changer; je suis très dévouée à mes maîtres.

MARGOT

C'est comme moi ! je n'en dis jamais de mal ! D'abord, Monsieur est très bon; il ne me gronde jamais; mais c'est un tâtillon, il a des manies : il veut retrouver toutes les choses à leur place. Quand je fais sa chambre, si j'ai le malheur de déranger sa tabatière ou ses pantoufles, il ronchonne toute la journée.

FRANÇOISE

Moi, chez nous, je n'ai affaire qu'à Madame, qui est très bonne! Enfin, ma chère, elle aurait bien pu me renvoyer tout de suite pour ces affreux beignets aux saucissons : elle ne l'a pas fait ; c'est gentil de sa part, et je lui en sais gré. C'est bien dommage qu'elle soit si avare ! Elle couperait un liard en quatre. Elle mesure le pain, pèse le beurre après chaque repas et compte les pruneaux.

MARGOT

C'est pour les enfants!

FRANÇOISE

Peut-être bien ! Mais elle ne s'achèterait pas une robe! Oui, ma chère! elle a un peignoir si usé... que je ne voudrais pas le porter ! Et quand elle ne le mettra plus, elle ne me le donnera pas : elle s'en fera des doublures !

MARGOT

Est-ce possible, ma chère ? Ah ! il y a bien peu de bons maîtres !

FRANÇOISE

Comme vous dites, ma chère ! Cependant, il faut leur être dévouées quand même.

MARGOT

Assurément, ma chère ! mais ils ne nous en savent aucun gré ! Moi, dans le temps, j'ai servi chez une vieille dame, qui était impotente ; j'étais obligée de la faire manger, de la coucher, de l'habiller, de la rouler dans son fauteuil. [...] avait pas quinze jours que j'étais chez elle, [...] à mourir ! Eh bien ! croiriez-vous, ma chère [...] ne m'a rien laissé sur son testament ?... Et [...] qui héritaient, ont fait encore des façons p[...] tout mon mois !

FRANÇOISE

Les maîtres sont [...] oui, ma chère, des ingrats ! Quand je [...] Paris, je ne savais pas la cuisine ; je me [...] chez un restaurateur... pour apprendre [...] ant un an que je suis restée chez lui [...] che une seule fois des fourneaux : ou [...] romener le petit, comme une bonne d'enfants [...] ma chère ! Et je n'avais pas de gages ! j'étais [...] pour ma nourriture. Aussi, je n'ai pas voulu rester dans une boîte pareille! Je suis entrée chez des petits rentiers qui dînaient au restaurant. Madame me donnait de l'argent pour mes repas. Alors, j'ai acheté un livre, et c'est comme ça que j'ai appris la cuisine. Je me faisais des petits plats. Madame s'est aperçue de cela et m'a grondée en me disant que j'étais une gourmande, que je devrais bien mieux placer mon argent plutôt que de le manger en fricots! Je l'ai plantée là!...

MARGOT

Vous avez joliment bien fait, ma chère! Ah! c'est un drôle de monde! Moi, je ne peux pas souffrir une maîtresse insolente; je la remets à sa place tout de suite. Une fois, une de mes maîtresses m'a appelée bécasse!

FRANÇOISE

Bécasse! en voilà un nom!

MARGOT

Oui, ma chère, bécasse! Alors, je lui ai répondu : Eh bien, Madame, vous ne devez pas être fâchée d'avoir une bécasse dans votre maison, car il n'en paraît pas souvent sur votre table!

FRANÇOISE

Bien envoyé !

MARGOT

Et c'était vrai ! Dans cette maison-là, on ne mangeait que du bœuf : — bœuf nature le jour du pot-au-feu, bœuf à l'huile le lendemain; et, les jours suivants : bœuf aux oignons, bœuf aux tomates, boulettes de bœuf; c'était à dégoûter l'estomac le mieux conditionné. Je ne suis pas restée longtemps dans cette place-là !...

FRANÇOISE

Non ! voyez-vous, ma chère, les maîtres ne savent pas ce que nous valons ! Ils se figurent que, parce qu'ils nous paient, ils sont quittes envers nous. Moi, d'abord, j'exige de la politesse !...

MARGOT

Vous avez raison, ma chère ! Moi, j'exige des égards, parce qu'enfin c'est déjà assez pénible d'être en service, si on n'est pas récompensé par de la bienveillance.

FRANÇOISE

C'est que, du matin jusqu'au soir, il faut travailler sans s'arrêter !

MARGOT

Pendant ce temps, les maîtres sortent et vont se promener !

FRANÇOISE

Et nous n'avons qu'un jour par mois pour cela, nous autres !

MARGOT

C'est révoltant ! Aussi, je me suis bien promis, si je quittais un jour ma place, de faire mes conditions.

FRANÇOISE

Je ferai comme vous !

MARGOT

D'abord, je veux sortir tous les huit jours.

FRANÇOISE

Ce n'est pas trop !

MARGOT

Puis je veux, au moins deux fois par semaine, avoir ma soirée libre pour aller au théâtre.

FRANÇOISE

C'est trop juste !

MARGOT

Une heure de repos le matin, pour lire le *Petit Journal*.

FRANÇOISE

Très bien !

MARGOT

Enfin, qu'on me permette de mettre un piano dans ma cuisine.

FRANÇOISE

Est-ce que vous savez en jouer ?

MARGOT

Non ! mais j'apprendrai ! Voilà ce que je veux ! Et si, toutes, nous nous entendions, nos maîtres seraient forcés de céder !... Allons ! au revoir, Françoise !

FRANÇOISE

Au revoir, Margot ! à dimanche !

MARGOT

A dimanche ! (A part.) Sapristi ! je vais être en retard pour mon dîner ! Tant pis ! Madame attendra !

(Elles sortent, l'une à droite, l'autre à gauche.)

LES ENFANTS AU SALON

PETITS GARÇONS

HANNETON VOLE!

HANNETON VOLE !

« — Hanneton vole ! vole ! vole !
» Nous nous en allons à l'école :
» Tu n'apprends ni latin ni grec,
» On ne te met pas au pain sec,
» Ta journée est rieuse et folle,
» Hanneton vole ! vole ! vole ! »

Ainsi chantaient deux blonds enfants,
Le long du chemin du village,
Faisant voler, tout triomphants,
Des hannetons au brun corsage.

Lorsque l'insecte retombait
Cassé, pliant sa petite aile,
L'enfant dans l'air le rejetait
En disant sa chanson cruelle :

« — Hanneton vole ! vole ! vole !
» Nous nous en allons à l'école :
» Tu n'apprends ni latin ni grec,
» On ne te met pas au pain sec,
» Ta journée est rieuse et folle,
» Hanneton vole ! vole ! vole ! »

Un vieillard qui passait par là
Leur dit, de sa voix chevrotante :
« — Enfants, l'insecte que voilà,
Quand il est libre, vole et chante ! »
— « Vieillard ! c'est notre prisonnier !
Il est à nous ! c'est notre proie !
Sa prison, c'est notre panier !
Sa chaîne, ce long fil de soie ! »

Et les petits bourreaux couraient,
Faisant tourner, comme une fronde,

Les insectes qui frissonnaient
Dans cette fantastique ronde !
Et par des cris et par des chants,
Et de joyeux éclats de rire,
Les deux petits enfants méchants
Semblaient célébrer leur martyre !

Cependant les petits garçons
A l'école enfin arrivèrent ;
Ils ne savaient point leurs leçons,
Ils furent punis et pleurèrent.
Auprès de leurs petits paniers,
A genoux, au bout de la classe,
En délivrant leurs prisonniers,
Ils murmurèrent à voix basse :

« — Hanneton vole ! vole ! vole !
» Nous sommes punis à l'école :
» Nous ne savons latin ni grec,
» Et l'on nous a mis au pain sec ;
» Que notre peine te console !
» Hanneton vole ! vole ! vole ! »

LE BŒUF ET LA GRENOUILLE

FABLE

LE BŒUF ET LA GRENOUILLE

FABLE

Une grenouille, un jour, vit passer le bœuf gras :
    Couvert de fleurs, il s'avançait au pas;
    On se rangeait sur son passage.
— « Si j'étais, pensa-t-elle, aussi grande que lui,
    » Il est bien certain qu'aujourd'hui,
    » On me rendrait le même hommage !
» Au fait, je pourrais bien m'installer sur son dos
    » Pour éblouir tous ces badauds ! »
Ce qui fut dit fut fait. — La grenouille, ravie,
Jamais ne s'était vue à pareille hauteur;

Vraiment, non ! jamais, de sa vie,
Elle n'avait rêvé triomphe plus flatteur ;
　　Elle criait déjà victoire !
　　Mais, hélas ! voici que le soir
On conduisit le bœuf, qui ruisselait de gloire,
　　Directement à l'abattoir !
　　— « Ah ! je vois le but de la fête !
» Je comprends cet encens, ces rubans et ces fleurs ! »
　　Dit la grenouille en piquant une tête
Dans un marais voisin. « — Je veux bien des honneurs,
　　» Mais les payer serait trop bête ! »

LE ROSEAU ET LE CHÊNE

FABLE

LE ROSEAU ET LE CHÊNE

FABLE

Lorsque le vent eut jeté bas
Le chêne, qui raillait le blond roseau fragile,
    Celui-ci, comme un imbécile,
Se redressa très fier, agita ses grands bras,
En disant : « — Je suis fort, je plie et ne romps pas! »
Un enfant qui passait, à ce que dit l'histoire,
D'un seul coup de couteau coupa le rejeton
    Et s'en fit un beau mirliton!

    Pour profiter de la victoire
    Il faut savoir baisser le ton.

ÉLOGE DE LA PARESSE

ÉLOGE DE LA PARESSE

« Ah ! qu'il est doux de ne rien faire.
» Quand tout s'agite autour de nous ! »
Voici ce que chantait ce matin mon grand frère ;
    Ce précepte me semble doux !
    Ne rien faire ! Lever la tête
    Et regarder en l'air passer
Le nuage, l'oiseau, l'insecte, sans penser
A rien ! A rien du tout ! -- Le repos de la bête !
Eh bien ! ce repos-là ne m'irait pas du tout !

   La moindre chose m'intéresse ;
   Oui, je sens qu'il me faut, surtout,
   L'activité dans la paresse !
Vous ne comprenez pas ? Je vais mieux m'expliquer :
Ainsi j'ai mes devoirs à faire, je suppose ?
Eh bien ! en paresseux actif, je me repose
Avec des dessins que je me mets à calquer,
Ou bien, je fais des nœuds au fouet de ma toupie,
Je range mon pupitre ou recouds mon ballon ;
   Le temps me semble bien moins long
    Que si je faisais ma copie.
On n'est pas disposé tous les jours au travail,
N'est-ce pas ? Pourquoi donc des leçons régulières ?
   L'homme n'est pas un vil bétail
Qui se soumet au joug aux heures coutumières.
Vous me direz : C'est vrai ! Mais il faut travailler
   Pour être un homme un jour ! — Sans doute !
Mais, voyons, franchement : — Je viens de m'éveiller ;
Vite ! Pour le travail il faut me mettre en route,
Copier ma dictée, apprendre mes leçons,
Me mettre dans la tête une langue hérissée
De mots barbares, quand, distraite, ma pensée,
Comme un papillon bleu, va courir les buissons ;
Quand le printemps revêt sa robe verte et blanche

Quand il serait si bon, — même pour ma santé, —
D'aller, — c'est de l'étude encor! — sous une branche,
Voir le petit oiseau dans le nid abrité.
La mère vole autour, pleine d'inquiétude,
Jette des cris... elle a peur pour ses nourrissons...
C'est charmant! — Mais enfin, cela, c'est de l'étude
Que je retiens vraiment bien mieux que mes leçons!
Hélas! Je ne peux pas travailler à ma guise,

  Faire rien de ce que je veux

A l'heure où ça me plait! — Ça me démoralise!
Et c'est pourquoi l'on dit que je suis paresseux!
— Paresseux! — Oui, je suis le dernier de ma classe,
Mais on dit que je suis le plus intelligent
Et que, si je le veux, en un mois, je dépasse
Les autres! — On devrait alors être indulgent!
— Les enfants ne sont pas tous de même nature :
Il faut savoir les prendre et les encourager....
Mais non! Le maitre dit : — « Obéis, sans murmure! »

  C'est cela qui me fait rager!

Eh bien! J'ai résolu, ce sera difficile!

  D'essayer, pendant tout un mois,

  De n'être plus un indocile

  Comme je l'étais autrefois;

J'apprendrai mes leçons avec persévérance;

Avec soin je ferai le travail coutumier ;
    Puisque j'ai de l'intelligence,
A mon tour je pourrai peut-être être premier !
Alors, ayant montré tout ce que je sais faire,
    Je pourrai reprendre à mon gré
    L'ancien régime, et me distraire
    Tout autant que je le voudrai.
Mais non ! J'aurai perdu ma mauvaise habitude
Du travail inégal ; — devenu courageux,
    J'aimerai peut-être l'étude
    Et ne serai plus paresseux !

LE PETIT FARCEUR

LE PETIT FARCEUR

Je suis farceur, moi, — j'aime à rire!
C'est malgré moi, que voulez-vous?
Tous mes amis peuvent vous dire
Que je suis le plus gai d'eux tous.

Quoi que je dise ou que je fasse,
Je fais rire! — Comme un acteur,
Je chante, je fais la grimace,
Et je suis même imitateur!

N'attendez pas que je vous conte
Quelques-uns de mes meilleurs tours ;
Je n'en sais vraiment pas le compte,
J'en imagine un tous les jours.

Mes farces, quelquefois, sont sottes,
Je l'avouerai très franchement,
Et m'ont attiré des calottes
En guise de remerciment.

Sur celles-là, je dois me taire !
— Mais voici le joyeux récit
De celle que je viens de faire :
— Elle ne manque pas d'esprit !

— Paul est un de mes camarades
Qui possède un joli chien blanc
Dont on admire les gambades,
Car le caniche est turbulent.

LE PETIT FARCEUR

Le chien ne quitte pas son maître,
Pas plus que le maître le chien.
Comment les séparer ? — Peut-être,
En cherchant, je trouverai bien.

— Pendant quelque temps je rumine :
Enfin, le chien, étant gourmand,
Me suit un jour à la cuisine
Où je l'attache vivement.

— Paul sans son chien, c'est corps sans âme ;
Il cherche partout l'animal ;
De tous côtés il le réclame
Et fait mettre dans le journal

Une annonce avec récompense
Pour celui qui l'aura trouvé.
— Mais ici, la farce commence ! —
Le chien que j'avais enlevé

N'était pas malheureux, du reste ;
Il mangeait bien, il dormait bien,
Il avait chaud, — je vous atteste
Qu'un chien heureux, c'était ce chien !

Mais Paul était inconsolable !
Or, il arriva qu'un beau soir,
A sa porte, le pauvre diable
Aperçut un petit chien noir.

— Le chien lui faisait des caresses.
Paul le repousse, plein d'effroi :
« — Fais à d'autres tes gentillesses,
» Lui dit-il, tu n'es pas à moi !

» Non ! tu n'es pas mon chien ; ta tête
» Est aussi laide que ton corps ! »
Il éloignait la pauvre bête
Et voulait la laisser dehors.

LE PETIT FARCEUR

Le chien, qui se voit méconnaître,
Passe, par un élan subit,
Entre les jambes de son maitre
Et va se rouler sur son lit !

Alors, — vous voyez cette scène ? —
Le chien, heureux d'être rentré,
Noircit les draps et se démène,
Frottant partout son poil lustré.

— Mais le tableau change de face,
Car Paul vient de s'apercevoir
Que c'est son chien ! — Vite, il l'embrasse
Et devient à son tour tout noir !

Lorsque j'ai raconté l'histoire
A nos amis, on se tordait ;
Personne ne voulait me croire,
Paul ne disait mot et boudait.

Mais, comme il a bon caractère
Et que son chien, bien bouchonné,
A repris sa blancheur première,
Il m'a bien vite pardonné.

LA PAIRE DE GANTS

LA PAIRE DE GANTS

—

(Il entre, tenant ses mains derrière le dos.)

Devinez ce que j'ai dans les mains ? — Je parie que vous ne devinez pas ? (Il montre ses mains.) Tenez ! une paire de gants rouges, rouges-brique comme des gants de cheval — très chics ! — dont je mourais d'envie. — Je voulais me les faire donner, j'ai réussi. — Voilà comment je m'y suis pris. — Tous les jours, quand je reviens de Condorcet, je passe par le boulevard Haussmann, et sur le boulevard Haussmann il y a une petite boutique, pas grande, mais avec un étalage très bien fait : des chemises, des cravates, des faux-cols, des gants. Sur la glace, il y a écrit : Spécialité de gants d'enfant. C'est là que j'avais vu ma paire de gants rouges! — L'autre matin, j'étais sorti avec ma mère pour aller à Saint-Louis d'Antin, et j'avais fait exprès de ne pas mettre de gants... d'horribles gants de drap!... Quand je vis que nous n'étions pas loin de la marchande de gants, je m'écriai tout à coup : « Sapristi! qu'il fait froid! » et je soufflais sur mes doigts. — Ma mère me dit : « Comment! tu n'as pas de gants, par un temps pareil? Tu vas t'enrhumer! » — Nous arrivions devant la boutique. (S'interrompant. — Au public.) Dites-moi, vous les avez assez vus, n'est-ce pas?... J'ai peur de les abimer, je vais les ôter! (Il ôte ses gants tout en parlant.) Je continue mon histoire : — Je soufflais toujours sur mes doigts; et comme ma mère n'avait pas l'air de vouloir s'arrêter, je me mis à éternuer! Hein? c'était malin! — Naturellement, elle leva la tête et vit l'étalage, et moi je m'arrêtai en éternuant une seconde fois! — « Décidément, tu t'enrhumes, dit ma mère; au fait, si je t'achetais une paire de gants! » — « Si tu veux! dis-je d'un ton que je m'efforçai de rendre indifférent. » — Nous entrâmes. L'intention de ma mère était de m'acheter des gants d'étoffe, comme les autres;

mais la marchande, à ma grimace, vit sans doute que
ce n'était pas ceux-là que je voulais, car elle proposa
tout de suite des gants de peau, comme étant plus
avantageux; je souris et, avant que ma mère ait pu
répondre, le carton était ouvert et je m'étais emparé
de cette paire de gants. (Il commence à remettre ses gants). Ma
mère se récrie, mais j'avais déjà glissé mes doigts sous
la peau rouge, et la marchande m'aidait tant qu'elle
pouvait. — Ce n'était pas facile, parce que j'ai des
engelures ! — « Du reste, disait-elle, la peau est fine et
se prête, — comme vous voyez, — puis les gants sont
très bien cousus, à la main, pas à la machine, — ils
ne se déchirent jamais ! » A ce moment, j'entendis un
craquement qui me fit trembler, mais ma mère ne s'en
aperçut pas. — « Quand vous les aurez mis une fois,
dit la marchande, ça ira tout seul ! Vous n'en verrez
jamais la fin !... et puis, ça se nettoie très bien ! » Mes
gants étaient mis. (Il est complètement ganté.) J'avais les mains
prises comme dans un étau, à cause des engelures,
mais j'étais très chic ! — Ma mère paya. Nous par-
tîmes, et voilà comment j'ai eu ma paire de gants ! —
Je vais les ôter pour ne pas les salir. (Il ôte ses gants.) Ils
me serrent bien un peu, surtout quand j'ai fixé le bouton, mais quand je les aurai mis un peu... et que je

n'aurai plus d'engelures, ça se fera. Et puis maintenant on ne met qu'un gant, — je mettrai tantôt l'un, tantôt l'autre, ça sera moins douloureux ! — Avez-vous remarqué que chaque fois qu'on étrenne un vêtement nouveau, on est toujours plaisanté ? — C'est stupide ! — mais on ne peut pas empêcher les gens d'être bêtes. Le grand Adolphe, qui est en seconde, a commencé le feu ! — « Tiens ! dit-il, Max qui a des pattes de homard ! » Ce mot-là a fait le tour de la classe ; on ne m'appelle plus maintenant que Patte de Homard !... J'avais envie de me fâcher, mais ça n'aurait servi à rien... au contraire ! Je haussai dédaigneusement les épaules, comme pour dire : — « Aies-en donc seulement, des gants comme ça ! » Et, pour prouver que je me moquais de son sobriquet, j'ai gardé mes gants pendant toute la classe, de sorte que je n'ai pas pu prendre de notes, parce que je ne pouvais pas plier les doigts. Mais maintenant, ça se fait ! (Il remet les gants, mais il se trompe et met le gant de droite à la main gauche.) Vous allez voir ! — Mon oncle, qui est sportsman, a aussi des gants comme ça, mais ils sont plus larges ; il les met tout d'un trait, et puis ils sont de deux couleurs, le dedans est blanc, c'est peut-être plus chic ! J'en aurai comme ça quand ceux-ci seront usés... Aïe donc ! aïe donc ! C'est drôle, on dirait qu'ils ont rapetissé ; je les mettais si bien tout à l'heure ! Heureusement que c'est solide. (Le gant se déchire au pouce.) Allons bon ! Il a craqué ! Ah ! parbleu ! Faut-il que je sois étourdi ! je mettais le gant de droite à la main gauche ! Ce n'est pas étonnant s'il s'est déchiré ! (Il enlève son gant.) Je le ferai raccommoder par la femme de chambre, ça ne se verra pas ! Mais l'autre est solide, vous allez voir ! (Il met le gant de gauche à la main droite.) C'est que si maman s'apercevait que je les ai déchirés, elle ne m'en achèterait plus, j'en serais réduit à ces affreux gants de drap que je ne peux plus sentir ! Ah ! par exemple, ceux-là se mettent facilement, ils ne se déchirent pas, ils s'usent. Ah ! ça, mais, est-ce que mes mains ont gonflé ? Je ne puis pas plus mettre celui-ci que l'autre, ce sont les engelures !

— Il faut pourtant que j'y arrive. Aïe donc ! aïe donc ! (Le gant se déchire en deux.) Patatras ! allons bon ! déchiré comme l'autre ! Imbécile ! ce n'est pas étonnant ! Je me suis trompé de main. Pourtant c'est sur l'autre main qu'il avait craqué... (Il ôte son gant.) Eh ! parbleu ! c'est sur la même que j'aurais dû mettre celui-ci ! Eh bien ! me voilà joli maintenant ! Impossible de les mettre ! Et ma mère qui m'attend pour faire une visite ! Je ne peux pas lui dire ! C'est pour le coup que je serais grondé ! (Il regarde ses gants déchirés.) Ça va-t-il pouvoir se raccommoder ? — Quand même, quand je voudrai les mettre, ils seront plus étroits, ça craquera encore ! Sapristi ! j'ai fait de la belle besogne ! — Je crois que ma mère m'appelle ! — Voilà ! voilà ! je viens ! — Elle va bien voir que je n'ai pas mes gants ! Ils étaient si voyants ! Comment faire ? Bah ! (Il tire de sa poche des gants d'étoffe et les met.) Mettons les autres ! Je dirai que mes engelures me font trop souffrir ! Oui, mais après ? — Après ? — Dame ! je verrai. — A cela, j'aurai toujours gagné quelque chose : quand j'irai à Condorcet, ils ne pourront plus m'appeler : « Patte de Homard ! »

UNE TROUVAILLE

UNE TROUVAILLE

(Entrant, la main droite fermée.)

Ça ne m'arrive pas souvent, mais je viens de trouver quelque chose... C'était dans le ruisseau, ça brillait! — Je n'ai fait semblant de rien; personne ne me regardait. Je me suis penché,... j'ai ramassé la pièce... Je l'ai là, dans ma main. — Je ne l'ai pas encore regardée... Qu'est-ce que c'est? — Voyons! essayons de deviner! Ça a l'air lourd! — Si c'était une pièce d'or? — vingt francs! — voilà qui serait fameux! — On peut acheter joliment de choses avec vingt francs!

— Vingt fois vingt sous! — Ah! pour le coup, je m'achète un vélocipède! — Non, ça coûte plus cher que ça! — Un beau livre! — Ah! j'en ai tant, de beaux livres! Mes prix, mes cadeaux du jour de l'an! — Ma bibliothèque est presque pleine! Et puis, on m'en donnera bien d'autres. — Non, pas de livres! — J'aime mieux une boîte de couleurs, mais des belles! avec un album! un grand! — Je ferai de beaux dessins que je peindrai... comme mon oncle, qui est artiste, — il expose au Salon! — Je lui dirai de m'apprendre à dessiner. — C'est ça! — Il me restera bien encore un peu d'argent; alors, j'achèterai des images que je copierai! Hein! la bonne idée que j'ai eue de ramasser cette pièce! Oui, mais ce n'est peut-être pas vingt francs? — Si je regardais? — Non, pas encore; si ce n'était pas vingt francs, je serais désagréablement surpris. — Elle est pourtant lourde, cette pièce; elle brillait beaucoup dans l'eau, mais je crois que ça brillait blanc! — Ce n'est peut-être que vingt sous! — Vingt sous! ce n'est pas du tout la même chose! c'est dix-neuf fois moins! C'est égal, avec vingt sous, il y a encore pas mal de choses à acheter! Par exemple, adieu l'album et la boîte de couleurs! Mais je puis acheter un cerceau ou des billes! Oui, des billes! des billes en marbre et une grosse en agathe, pour caler. C'est ça ! C'est que ça ne m'en fera pas beaucoup : la bille en marbre coûte deux sous pièce; je ne pourrais en avoir que dix et pas de bille en agathe. Ce n'est pas assez! Puis, j'aime mieux acheter une bille en agathe de cinq sous; il me restera quinze sous pour acheter des billes ordinaires; à deux sous la douzaine, ça m'en fera beaucoup. Combien ça m'en fera-t-il ? Voilà un calcul qui n'est pas facile! Voyons : une douzaine, deux sous; deux douzaines, quatre sous.... Je n'y arriverai pas comme ça. — J'ai quinze sous, la moitié, c'est sept... Oui, ça fait sept douzaines, plus une demi, pour le dernier sou. Alors, il faut dire sept fois douze... sept fois dix, soixante-dix ; plus sept fois deux, quatorze. Quatorze et soixante-dix, quatre-vingt-quatre! et puis une demi-douzaine, six : quatre-vingt-dix! — J'aurai quatre-vingt-dix billes! sapristi, et une bille en agathe! Tout ça pour vingt sous ! C'est joli! — Je me ferai faire un grand sac par maman ! — Oui! mais est-ce vingt sous? — Oh! ça ne peut être moins! Cependant, si ce n'était qu'un sou, un sou neuf! — Ça serait toujours ça! J'achèterais alors un sucre d'orge ! — Oui ! — Eh bien ! voilà l'emploi de ma trouvaille : si c'est vingt francs, une boîte de couleurs, un album et des images! — Si c'est vingt sous, des billes! et si c'est un sou, un sucre d'orge! — Un sou! ça ne peut pas etre moins! Je suis donc sûr au moins d'avoir un sucre d'orge! — Voyons maintenant si j'ai bien deviné! (Il ouvre la main.) — Un bouton! un bouton! (Il le jette avec colère.) C'était bien la peine de faire tant de projets! Une autre fois, quand je trouverai quelque chose, je commencerai par regarder ce que c'est! Un bouton! Non, mais voyez-vous, un bouton! Ça ne valait pas la peine de me baisser!

AU PAIN SEC

AU PAIN SEC

GASTON entrant avec un gros morceau de pain sec qu'il mange durant tout le monologue.

Au pain sec! Ah! cette fois, on n'a pas voulu me pardonner! J'ai eu beau prier, supplier, pleurer, ça y est! — Aussi, c'était la troisième fois que je désobéissais, je me doutais bien que ça ne passerait pas! — C'est égal! c'est dur! — pas le pain, mais la punition! — Je suis habitué à manger de si bonnes choses à la maison! — Justement, ce soir il y a du perdreau et une croûte aux ananas! C'est dur! pas la croûte!

mais la punition! — On voulait me faire rester à table, je n'ai pas voulu, j'aurais été trop tenté! Ce n'est pas que je sois gourmand, mais j'aime les bonnes choses! — Comme c'est sec, ce pain-là! — Il est tendre! mais sec! — Si j'ai soif, on m'a dit qu'il y avait de l'eau à la fontaine... Parbleu! il y en a aussi dans le ruisseau! — Oh! c'est cruel! — Je ne peux pas dire : c'est injuste! puisque je l'ai mérité; mais c'est cruel! — Je me souviens d'avoir vu, l'hiver, dans la rue, des petits pauvres à qui j'avais donné mon pain et qui mordaient à même à belles dents. — Ils trouvaient ça bon! sans doute parce qu'ils avaient faim! — Mais, moi aussi, j'ai faim, et je ne trouve pas ça bon! parce que je n'y suis pas habitué. — Et si on voulait les punir, ces petits pauvres, qu'est-ce qu'on leur donnerait? — Le pain sec ne serait pas une punition pour eux, puisqu'ils l'aiment. — Des calottes, sans doute! — J'aime mieux du pain sec que des calottes! — Si j'avais prévu ça, j'aurais gardé quelque chose de mon déjeuner. — Mais voilà! Je n'avais pas prévu non plus que je serais désobéissant! C'est si ennuyeux d'obéir, de n'être pas son maitre, de ne pas faire ce qu'on veut! Ah! quand je serai grand! Dans trois ans seulement, on ne me mettra plus au pain sec. C'est long, trois ans! Il y a, à ma pension, un petit qu'on met toujours au pain sec : il est paresseux, étourdi, espiègle, et on le punit toujours! Maintenant il y est habitué. Le pain sec ne lui fait plus rien! Il m'a dit qu'il avait trouvé un moyen de le trouver agréable : il se figure qu'il mange les bonnes choses dont on l'a privé, et il dit qu'en fermant les yeux, ça revient au même. Je ne crois pas, mais c'est facile d'essayer. Voyons! (Il ferme les yeux en mangeant.) Ceci est du perdreau... Mais non! Je ne trouve pas! — Ceci est de la croûte à l'ananas! — Pas du tout! C'est toujours du pain, rien que du pain! Il s'est moqué de moi! — J'étouffe! Je meurs de soif! — Ah! une carafe et un verre! (Il boit.) C'est fade, l'eau! — J'aurais beau me figurer qu'il y a du vin dedans, ça ne serait pas la même chose! — Mon Dieu! que j'ai été bête d'être désobéissant! On en est au dessert maintenant... ils causent, ils rient... on ne s'occupe pas de moi!... C'est peut-être de moi qu'ils rient! Oh! non! Ils n'ont pas mauvais cœur! Qu'est-ce qu'ils peuvent bien manger maintenant? — Des fruits! des confitures! — Maman les fait si bonnes!... On se lève de table... Ils ont fini! Moi aussi, j'ai fini, je n'ai plus faim! — On ne m'y reprendra plus! J'ai encore tout ça de pain... S'il y avait un pauvre dans la rue, je le lui donnerais. (Il va à la fenêtre.) Oui! tiens, petit! (Il jette son pain.) Oh! comme il a faim! Il le dévore! Pauvre petit! Au moins ma punition aura servi à quelque chose : j'aurai donné à manger à un malheureux et puis... je ne recommencerai plus! Ah! mais non! je ne recommencerai plus!

LE PETIT RAMONEUR

LE PETIT RAMONEUR

—

I

Il s'en allait tout doucement,
Le ramoneur au teint de suie,
Et son modeste vêtement
Etait traversé par la pluie.

Son pied se dérobait, sans bas,
Au fond d'un soulier sans elle;
Quand il s'écriait : « Haut en bas! »
Sa voix, qu'il forçait, était grêle.

Mais qu'importe? Il se souciait
Vraiment fort peu de sa toilette :
Son minois d'enfant souriait
Sous l'auvent noir de sa casquette.

II

A la fenêtre du salon,
Le petit baron, qui s'ennuie,
Est à l'abri de l'aquilon
Et regarde tomber la pluie.

LE PETIT RAMONEUR

— « Je veux, » dit-il au précepteur,
— Qui dès le premier mot salue, —
« Qu'on m'amène ce ramoneur
» Que j'aperçois là, dans la rue. »

— « Mais, monsieur le baron ! » — « De quoi ? »
— Il est tout noir ! » — « Qu'on me l'amène
» Tel qu'il est ! Je l'aime ainsi, moi,
» Avec sa figure d'ébène ! »

Le ramoneur est introduit.
Il s'avance d'un pas timide,
Et, sur le parquet qui reluit,
Son pied laisse une trace humide.

— « Veux-tu jouer ? » — « Je ne puis pas !
» Il me faut gagner ma journée
» Et me glisser du haut en bas
» Du tuyau de la cheminée. »

— « Ramoneur ! C'est trop salissant !
» Veux-tu jouer à la bataille ?
» Ce sera très divertissant ! »
— « Non ! car il faut que je travaille. »

— « Mais tu travailleras demain,
» Aujourd'hui ta fortune est faite.
» Tiens, ramoneur, ouvre ta main :
» Garde ces cent sous ! — Je t'achète !

» Tout d'abord, tu vas t'habiller
» Avec mes habits, — que t'en semble ? —
» Va vite te débarbouiller,
» Puis nous allons jouer ensemble ! »

III

Le ramoneur, en peu de temps,
Est devenu méconnaissable ;
Il a, sous ses cheveux flottants,
Un petit minois adorable.

Il est plus beau que le baron,
Qui commence à faire la moue ;
Mais bientôt, d'un air fanfaron,
Le petit baron lui dit : « Joue !

» Battons-nous ! Je suis le plus fort !
» Nous allons jouer à la guerre ! »
Mais le ramoneur, sans effort,
Renverse le baron par terre !

— « Ah! mais non! ce n'est pas de jeu! »
—« Pourquoi? »—« Moi, je veux bien combattre,
» Mais être le vainqueur, parbleu!
» Car je t'ai payé pour te battre! »

— « Pour me battre! Oh! non, mon petit!
» Garde ton argent, camarade;
» Moi, je reprends mon vieil habit
» Et je poursuis ma promenade!

» Je préfère ma liberté
» A ta despotique faiblesse.
» Crois-moi, ma force et ma santé
» Sont supérieurs à ta richesse! »

Il part. — Le voyant s'en aller,
— Vexé d'avoir reçu sa pile, —
Le baron, pour se consoler,
Se dit tout bas : « Quel imbécile! »

IV

L'argent n'a nulle autorité,
Enfants, lorsque l'on a votre âge;
Seuls, le travail et le courage
Font la supériorité !

LE NEZ!

LE NEZ

(Il entre en cachant son nez dans ses mains.)

Ne craignez rien, je ne suis pas malade ; au contraire, je me porte très bien, mais je n'ose pas vous le montrer... Quoi? Mon nez, parbleu! Car j'ai un nez! Oh! mais un nez! Enfin, je suis bien né! Comme je ne pourrais pas vous le cacher toujours, j'aime autant vous le montrer tout de suite, vous tâcherez de vous y habituer. Tenez! Le voilà! (Il ôte ses mains et on voit un énorme nez postiche.) Ça vous fait rire, je m'y attendais! C'est toujours comme ça! Ce n'est pas ma faute, au bout du compte, ce n'est pas même celle de mes parents : ma mère a un nez grec et mon père est camard... Ils sont désolés! et moi donc! Mais qu'y faire? Je ne puis pas me couper le nez!... Ce que ce nez-là m'a déjà causé d'ennuis, vous n'en avez pas d'idée! — Au lycée, c'est à qui tombera dessus; quand il y a un coup de poing égaré, c'est sur mon nez qu'il se retrouve!... et ce sont des plaisanteries qui n'en finissent plus. Quand il pleut, par exemple, on me dit : — J'ai un chapeau neuf, je ne veux pas l'abîmer, veux-tu que je me mette à l'abri dans ton nez? — Ça n'est pas fort! — Ou bien encore, à la classe de géographie, quand on demande quelle est la plus haute montagne de France, tous mes camarades se tournent vers moi et disent : c'est le pic de Théodore. Ils disent même le *pif* ou le *piton*, expressions vulgaires qui me font rougir de honte! Et puis, tout le temps ce sont des jeux de mots indignes : — Théodore n'est pas un Apollon, *néanmoins* il n'est pas mal! — Il ne devrait montrer son nez que tard (*nectar*)! — On ne peut pas dire qu'il a un nez gosse (*négoce*)! — Je lui conseille de laisser son nez au logis (*néologie*)! etc., etc... C'est stupide! Dans le commencement, je me fâchais, j'avais des disputes tous les jours, mais ça ne m'avançait à rien qu'à être battu. — J'y ai renoncé! Maintenant je prends ça philosophiquement; je ris moi-même avec les autres! Alors, voyant qu'ils ne peuvent plus me faire monter, ils me laissent tranquille. Et puis, ils s'habituent! Mon nez ne les choque plus! — Moi, il me choque toujours! Outre qu'il est laid, il est gênant! Ainsi, j'attrape des rhumes formidables, et alors il me faut des mouchoirs immenses, grands comme des serviettes, et je fais un bruit en me mouchant... on dirait un trombone! Ajoutez à cela que je suis myope : alors, quand j'écris, mon nez touche le papier, si bien que lorsque je suis enrhumé du cerveau, ma copie est toute salie, je suis obligé de recommencer et quelquefois je n'ai pas le temps ; alors je suis puni ! — Aux examens, je suis toujours retoqué, les examinateurs se tordent, ça m'intimide et je ne sais plus ce que je dis. — Eh bien, oui! j'ai un *nez fort*, — oh! pardon, je ne l'ai pas fait exprès, — mais enfin pourquoi trouve-t-on cela plus drôle qu'une grande bouche, de grandes oreilles ou de grands yeux ? Voulez-vous me le dire? Vous n'en savez rien ni moi non plus! Quoi qu'il en soit, je vois bien que toute ma vie je serai turlupiné, chagriné, chansonné, lanterné; en vain je voudrai me révolutionner, me mutiner, il faudra m'incliner devant tous ces forcenés après moi déchaînés, dont les sarcasmes raffinés, les tours habilement combinés, seront sans cesse à me talonner, et j'aurai beau les raisonner, les sermoner, les flagorner, je ne pourrai jamais les dominer : aussi je dois m'incliner et demeurer subordonné aux inconvénients de mon nez! — Et maintenant, allons dîner !

IMPRESSIONS DE VOYAGE

Or, j'avais eu trois prix : mon père était heureux
Et bien plus fier que moi;—nous étions fiers tous deux!—
    Car il faut piocher avec rage
Pour décrocher trois prix, quand tous les écoliers
Fatiguent leur cerveau bien plus que leurs souliers,
    Et cela, grâce au surmenage.

C'est vrai ! grec et latin, le français, l'allemand
Ou l'anglais : voici tout ce que l'on nous apprend,
    Sans compter les mathématiques,

L'histoire, le dessin, le gymnase... enfin tout!
— Ceux qui peuvent mener leur travail jusqu'au bout
    Sortent glorieux, mais étiques!

Et je trouvai très bon d'aller près de la mer
Passer deux mois d'été, — sentir le souffle amer
    Qui soutient l'aile des mouettes;
Courir sur les rochers et, le filet en main,
Quand la marée est basse, après l'heure du bain,
    Pêcher les petites crevettes!

Oh! la mer! Un beau soir, par les grandes chaleurs,
J'ai vu rentrer au port les barques des pêcheurs :
    C'était grand! simple, mais sublime!
La nuit tombait... le flot était phosphorescent;
On eut dit un linceul de feu pâle, glissant
    Sur la surface de l'abîme!

A l'horizon, couvert de vapeurs, — rien!... du noir!
Soudain, dans le silence et l'ombre, je crus voir
    S'avancer comme une ombre immense,

Et puis une autre..., une autre encor!... Tout un essaim
Surgissait lentement, semblant sortir du sein
    De la nuit noire et du silence !

Ils s'approchaient... C'étaient, à mes yeux, des géants
Qui, largement drapés dans leurs longs manteaux blancs,
    Quittaient les humides royaumes ;
Ou bien des naufragés qui revenaient, la nuit,
Visiter mère et sœurs, en deuil, dans leur réduit !...
    ... Des revenants !... ces grands fantômes !

Ils s'approchaient toujours, calmes, dans le brouillard !
Mais alors j'entendis comme un chant nasillard
    Très doux, qui s'échappait de l'ombre
Et scandé lentement par de longs avirons
Qui, d'instants en instants, faisaient de larges ronds
    Etincelants sur la mer sombre !

Je reconnus alors les bateaux des pêcheurs
Qui rentraient. — J'aperçus les timides lueurs
    De leurs fanaux, pâles étoiles !

Et comme, ce soir-là, la brise n'avait pas
Seulement ridé l'eau, — tout le long de leurs mâts
    Mollement retombaient les voiles.

Majestueusement, ils entraient dans le port
  En ordre. — Les hâleurs les trainaient sans effort;
    Leurs sabots claquaient sur les planches;
Du coude, ils écartaient les femmes, les petits
Guettant leurs bien-aimés depuis deux jours partis :
    Têtes blondes et coiffes blanches !

Qu'il était imposant ce retour de la mer !
Dans les bateaux, mouillés par le liquide amer,
    Les pêcheurs, visibles à peine,
Tout en chantant en chœur une vieille chanson,
Rangeaient leurs grands paniers débordants de poisson
    Aux reflets blancs de porcelaine !

D'autres, pendant ce temps, avec effort ramaient,
Et, le long du chenal, joyeusement parlaient
    Aux hâleurs, aux enfants, aux femmes !

Et l'on voyait alors, entre les grands bateaux,
Des barques se glisser... — On eût dit des oiseaux
    Qui se balançaient sur les lames !

Les voici près du quai... La foule, qui les suit,
S'arrête ! — Chacun parle en même temps... quel bruit !
    Mais, soudain, l'on jette l'amarre :
Alors, femmes, enfants, matelots, enlacés,
Pendant quelques instants se tiennent embrassés :
    Spectacle touchant et bizarre !

Maintenant, je comprends la mer ! Et je comprends
La gaité des retours et, pour les vieux parents,
    L'inquiétude des absences !...
Et ce spectacle-là m'a touché tellement,
Que je n'ai pas quitté ma mère un seul moment
    Pendant mes deux mois de vacances !

L'ÉCOLE BUISSONNIÈRE

DIALOGUE

L'ÉCOLE BUISSONNIÈRE

DIALOGUE

PAUL (12 ans), JACQUES (8 ans)

PAUL

C'est par ici, viens donc !

JACQUES

Par ici ?

PAUL

Mais sans doute !

JACQUES

Je suis bien fatigué !

PAUL

Tu te reposeras
Tout à l'heure. — Voici le but de notre route.

JACQUES

Mais où donc est l'école ?

PAUL

Attends ! Tu la verras.

JACQUES

Paul, tu sais ? Moi, je veux ne pas manquer la classe ;
Où donc me conduis-tu ?

PAUL

Dans la forêt, tu vois.

JACQUES

Mais l'école ! l'école !

PAUL

Elle a changé de place :
Pour aujourd'hui, la classe aura lieu dans les bois.
Nous allons travailler de tout autre manière ;

Nous nous amuserons ! — Je ne te dis que ça !
On appelle cela l'école buissonnière ;
Ecole pour école, autant vaut celle-là.

JACQUES

L'école buissonnière ! Et le maitre ?

PAUL

Le maitre ?
Plus de maitre !

JACQUES

Comment ?

PAUL

Oui, le maitre, c'est nous !
Nous ne redoutons rien que le garde champêtre...
Ah ! mais s'il nous pinçait, c'est lui qui n'est pas doux !

JACQUES, pleurant.

Mon Dieu ! mon Dieu ! Mon Dieu !

PAUL

Je crois vraiment qu'il pleure !

JACQUES

Oui, je pleure ! C'est mal ! Pourquoi m'as-tu menti ?

PAUL

Menti ? Ce n'est pas vrai ! Je t'ai dit tout à l'heure
De venir avec moi, n'as-tu pas consenti ?

JACQUES

Oui, mais, moi, je croyais que c'était à l'école
Que tu me conduisais !

PAUL

     Eh bien ! Petit nigaud !
L'école buissonnière est celle où l'on rigole !
Nous allons rigoler, c'est tout ce qu'il nous faut !
Allons ! sèche tes yeux et pose là ton livre.
D'ailleurs, il est trop tard, la classe a commencé,
Jouons plutôt. — Veux-tu jouer à nous poursuivre ?
— Tu ne veux pas ? — Tu sais, va, tu n'es pas forcé !
Je m'amuserai seul ! — Je connais des cachettes
Dans le bois, — des buissons de mûres bien garnis,
Des coudriers couverts de superbes noisettes,
Sans compter que, peut-être, il s'y trouve des nids !

JACQUES, à lui-même.

Que faire ? — Je serai puni, la chose est sûre !

PAUL

Mais non ! Chez nos parents personne ne saura
Que nous avons manqué la classe, — je t'assure. —
Quant au maître, qui sait s'il s'en apercevra?
D'ailleurs, nous lui dirons que nous étions malades ;
Et puis, s'il en doutait, eh bien ! nos camarades
Diront tout comme nous. — Il nous excusera. —
Plus d'une fois déjà j'ai déserté la classe
Personne n'a rien su, je ne fus pas grondé.
Rassure-toi.

JACQUES, indécis, à lui-même.

Mon Dieu ! que faut-il que je fasse !

PAUL

T'amuser avec moi ! — Voyons, c'est décidé !
A quoi veux-tu jouer ? Choisis !

JACQUES, après une hésitation, posant son livre par terre.

Jouons aux billes !

PAUL

Je n'en ai pas ici, puis je te gagnerais
Tout comme aux autres jeux : à la toupie, aux quilles...
Je suis trop fort pour toi ! — Dis donc ! si tu voulais

Nous jouerions au voleur? — Je ferai le gendarme,
Toi le voleur. — D'abord, il faudra te cacher.
Nous aurons un bâton chacun, en guise d'arme. —
Tu comprends?

JACQUES

Puis après ?

PAUL

Moi, j'irai te chercher.

JACQUES

Pourquoi donc des bâtons ?

PAUL

Tiens ! mais pour la bataille,
Quand je t'aurai trouvé.

JACQUES

Nous pourrons nous blesser.

PAUL

Du tout ! On fait semblant, on s'accoste, on ferraille,
On lutte ! Et, pour finir, je vais te terrasser !
Tu tombes ! — tu te rends ! — Avec une ficelle
Je t'attache les mains... tu dis ? « Je suis perdu ! »

Alors je fais le juge, et puis je t'interpelle
Et te condamne à mort : Tu dois être pendu !
— Là, tu feras semblant de verser une larme ! —
Enfin, pour terminer, je fais l'exécuteur !

JACQUES

Je veux bien ! Mais alors, je serai le gendarme,
Et c'est toi, Paul, c'est toi qui seras le voleur.

PAUL

Ah ! mais non !

JACQUES

Ah ! mais si !

PAUL

Pourquoi ?

JACQUES

Je le préfère.

PAUL

Les gendarmes sont grands !

JACQUES

Tiens ! les voleurs aussi !
J'aime mieux attaquer qu'être attaqué... merci !

PAUL

Soit ! Alors le voleur met le gendarme à terre !

JACQUES

Ah ! mais non !

PAUL

Ah ! mais si ! car tu ne pourras pas
Me renverser.

JACQUES

Pourquoi ? Ce n'est donc pas pour rire
Que nous nous battrons ?

PAUL

Si !

JACQUES

Bon ! Tu te préteras
A ce que je te tombe... ou bien je me retire...

PAUL

On ne peut pas jouer avec toi !

JACQUES

Si, vraiment !
Mais, dans ton jeu, la part n'est pas du tout égale :
Moi, j'aurais tous les coups et toi tout l'agrément !

L'ÉCOLE BUISSONNIÈRE

PAUL

Capon !

JACQUES

C'est toi, capon !

PAUL, prenant Jacques au collet.

Répète ! Et je t'étale
Par terre ! Tu verras, ce ne sera pas long !

JACQUES

Oui, capon !

(Paul lui donne des calottes.)

Oh ! là, là ! Grand lâche ! qui veux battre
Un plus petit que toi !...

PAUL, lui donnant un coup de pied en luttant avec lui.

Va, tu peux te débattre,
Je te tiens !

JACQUES, pleurant.

Oh ! là, là ! Voici mon pantalon
Déchiré ! — Je dis tout à ma mère, grand lâche !

PAUL

Tu lui diras ?

JACQUES

Oui, tout ! je dis tout !

PAUL, le lâchant.

Eh bien ! tâche !
Je ne te dis que ça ! — Pour te faire rager,
Je vais m'amuser seul ; je cueillerai des mûres
Et tu n'en auras pas ; je vais seul les manger
Et t'en barbouillerai le nez, si tu murmures !
Adieu, moutard !

(Il sort.)

JACQUES, faisant un geste de colère, puis se calmant.

Moutard ! — Mais il est le plus fort !
Eh bien ! je suis joli ! — La bouche enfarinée,
Je suis ce grand gaillard... — Çà, j'étais dans mon tort !
J'aurais dû refuser ! — Et voici ma journée :
D'abord mon pantalon... il est tout déchiré.
Que me dira maman ? — Puis j'ai reçu des claques !
Des coups de pied ici !

(Il montre le fond de son pantalon.)

Je suis déshonoré !
— Te voilà bien loti, maintenant, pauvre Jacques ! —
Et je ne me suis pas amusé, pas du tout !

Eh bien ! si c'est cela l'école buissonnière,
J'aime mieux l'autre, l'autre est bien plus de mon goût.
— Ah ! l'on va me tancer de solide manière ! —
Je ne sais pas mentir, j'avouerai jusqu'au bout.
Si j'en réchappe !... Eh bien ! je donne ma parole
De ne plus m'écarter du chemin de l'école !

NO!

DIALOGUE

NO !

DIALOGUE

ALFRED, JOHN

ALFRED

Enfin, te voilà arrivé! Je suis bien content de te voir! Ma mère m'a dit que tu étais très gentil; je suis sûr que nous nous accorderons bien. Assieds-toi là, près de moi. — Moi, je n'ai jamais connu d'Anglais, tu es le premier. Voilà une langue qui est difficile! Tu es bien heureux de la connaitre! J'ai pourtant un professeur, mais je ne comprends pas toujours ce qu'il me dit. Ainsi, par exemple, il me montre un A, et il me dit de prononcer E. Ça me brouille! — Ça doit te brouiller aussi, toi?

JOHN

No!

ALFRED

Je comprends, c'est la prononciation. Je tâcherai de m'y faire pour causer avec toi. Dis donc, John, — on m'a dit que tu t'appelais John! Moi, je me nomme Alfred. Tu m'appelleras Alfred?

JOHN

No!

ALFRED

Comme tu voudras! En anglais, ça se dit probablement autrement. Mais, dis donc, John, nous allons faire de bonnes parties ensemble. Moi, je suis très joueur! Aux billes, je suis très fort. Je gagne toujours. Je cale comme personne. Je t'apprendrai; tu deviendras aussi fort que moi! Et à la toupie donc! J'ai une manière de corder ma toupie qui la fait ronfler, ronfier!... Elle tourne pendant un quart d'heure! Oh! vois-tu, c'est bien amusant. C'est comme aux barres; jamais je ne me fais prendre, — je cours comme un cerf! — A la pension, quand nous jouons, c'est toujours moi qui gagne! Sais-tu jouer aux barres?

JOHN

No!

ALFRED

C'est bien au........ t, va! On est dix, par exemple; on fait deux ca...... cinq de chaque côté. Alors il y en a un qui enga.... .. ...tie en courant hors du camp; du camp opp...... .. autr... sort qui tâche de l'attraper. S'il est pris, il .. ..nier, on l'emmène alors et il se place à la .... les jambes ouvertes et la main tendu.. . ... Alors, on tâche de le délivrer. Pou... ... . iver à lui taper dans la main. Ma.. .. .. acile, les autres gardent le prisonnier .. .. pas du camp. Puis, il y a des pours.ites ..... aventure trop loin; on a à ses trouss.. ... . camarades qui vous empêchent de r.... .. .., on fait alors des détours de toutes sort.. .. ... être pas pris d'abord et pour délivrer les prisonniers ensuite. Il y a des parties de barres qui durent tout une récréation; quelquefois même, elles ne sont pas finies. Mais alors, ça ne compte pas! N'est-ce pas que c'est amusant?

JOHN

No!

ALFRED

Je vois que tu n'aimes pas à courir! Je t'apprendrai d'autres jeux. Il y a d'abord le chat perché et le saute-mouton, mais si tu n'aimes pas à courir, tu ne dois pas aimer beaucoup à sauter. Ça te fait peut-être mal! J'ai eu des camarades à qui ça faisait tourner le cœur! Moi pas! Tu crois peut-être, parce que j'aime à jouer que je ne travaille pas? Oh! si! Je suis un des premiers de ma classe, mais il y a temps pour tout! Ça n'empêche pas, quand les devoirs sont finis, que je ne suis pas le dernier à faire enrager le pion. Sais-tu ce que c'est qu'un pion?

JOHN

No!

ALFRED

Eh bien! le pion, c'est le maître d'études. C'est cel

qui est chargé de nous surveiller pendant notre travail. Le nôtre est un pauvre diable d'étudiant, qui prépare sa licence — un grade universitaire ! — Il n'a pas l'air très heureux et travaille beaucoup ; aussi, pendant l'étude, il ne fait pas beaucoup attention à nous. Alors nous nous en donnons ! On jette au plafond des boulettes de papier mâché auxquelles est suspendue une caricature découpée, ou bien on lâche des hannetons qui font un bruit du diable en s'échappant ! C'est bien drôle, va !

JOHN

No !

ALFRED

Tu es difficile ! Il en faut beaucoup pour t'amuser ! Je parie qu'en Angleterre vous n'avez pas tous ces plaisirs-là ! Peut-être les Anglais sont-ils plus sérieux que nous. Alors, pour te faire plaisir, je deviendrai sérieux. J'ai des albums magnifiques, nous les regarderons. Comme tu ne sais pas le français, je t'expliquerai les images. Voilà un plaisir qui t'ira !

JOHN

No !

ALFRED

Alors, je ne sais plus comment faire, rien ne te plaît ! Mais je comprends ; en Angleterre, tu as mené la vie de famille, tu avais un précepteur, tu ne quittais pas ta mère, ni tes sœurs ; eh bien ! je n'ai pas de sœurs, mais j'ai des cousines, elles viendront le dimanche, nous jouerons tous ensemble ; elles sont très gaies, très gentilles, tu les aimeras. L'aînée s'appelle Marie, la cadette Yvonne, parce qu'elle est née en Bretagne et que sa marraine, une dame du pays, a voulu lui donner son nom. Marie, c'est un joli nom ! Mais Yvonne, c'est drôle ! Tu ne trouves pas ?

JOHN

No !

ALFRED

Voyons ! John ! A tout ce que je t'offre, tu me réponds toujours : No ! No ! Tu m'as l'air d'avoir un mauvais caractère. Il ne faut pas être si fier que ça ! Au bout du compte, un Français vaut bien un Anglais !

JOHN

No !

ALFRED

Merci ! Tu es poli ! Veux-tu que je te dise ? Tu me fais l'effet d'un enfant gâté, ou plutôt d'un petit sauvage ! Nous t'humaniserons. Oui, mon petit, on te débarbouillera ! Quand tu auras été en classe et qu'on t'en aura fait voir de toutes sortes, tu seras moins fier, et si mes cousines te prennent en grippe, je ne te dis que ça, il n'y aura pas de tours qu'elles ne te fassent ! Ça t'obligera à être comme nous !

JOHN

No !

ALFRED (l'imitant).

No ! Voyez-vous ce vilain oiseau qui n'a qu'un cri : No ! No ! Si tu n'es pas plus gai, plus sociable, tu peux t'en retourner chez toi, dans ton pays de brouillard, où l'on est maussade et mal élevé ! Je ne peux pas pourtant faire plus d'avances que je ne t'en fais !

JOHN

No !

ALFRED

Tu l'avoues ! Ce n'est pas malheureux ! Voyons, sois

gentil, ne boude pas comme cela. C'est peut-être parce que tu as quitté ta famille que tu es effarouché, mais tu ne dois pas avoir peur de moi, je suis un petit garçon comme toi. Donne-moi la main en signe d'amitié?

JOHN

No!

ALFRED

Ah! C'est trop fort! Eh bien! Nous sommes fâchés! Je ne te parlerai plus. Tu n'es qu'un petit sot!

JOHN

No!

ALFRED

Si! Un petit sot, un mauvais caractère!...

JOHN

No!

ALFRED

Et tu te débrouilleras comme tu pourras! Tu peux t'en retourner d'où tu viens, entends-tu?

JOHN

No!

ALFRED

No! Toujours no! On dirait que tu le fais exprès! Ah ça, voyons! Je te parle depuis une heure, as-tu compris tout ce que je t'ai dit?

JOHN

No!

(Tête d'Alfred.)

LES DEUX GASCONS

DIALOGUE

LES DEUX GASCONS

DIALOGUE

FARCIGNAC, BLAGAGNAC

(Prendre, si c'est possible, l'accent gascon.)

FARCIGNAC

N'as-tu pas remarqué, toi, mon ami d'enfance,
Combien notre pays de Bordeaux est charmant?

BLAGAGNAC

Moi, je suis de Toulouse, et tous deux, sûrement,
Valent, comme splendeur, le reste de la France.

FARCIGNAC

Bordeaux ! son vaste port et son pont merveilleux !

BLAGAGNAC

Toulouse ! son canal fameux ! son Capitole !

FARCIGNAC

Et les Quinconces, donc ! avec leurs arbres vieux
Qui couvrent les passants de leur verte coupole !

BLAGAGNAC

Quels lointains ! De chez nous, lorsque le temps est clair,
On voit facilement toutes les Pyrénées...

FARCIGNAC

De Bordeaux, c'est bien mieux ! par les belles journées,
En regardant à l'ouest, on distingue la mer !

BLAGAGNAC

Tu n'es jamais venu voir Toulouse, sans doute ?

FARCIGNAC

Non !

BLAGAGNAC

Eh bien! cher ami, chez moi l'on nait chanteur!
Oui! tout le monde chante! On entend, sur la route,
Des voix de paysans qui charment l'auditeur!
Les ténors, — et tu sais si le ténor est rare! —
Abondent à Toulouse! Il s'en rencontre tant
Que, dans la ville, c'est comme un gai tintamarre,
Car tous ces gaillards-là ne parlent qu'en chantant!

FARCIGNAC

Nous avons mieux que des chanteurs! car la voix passe,
Et, pour la rétablir, tous les efforts sont vains!
La voix, c'est bien! Chez moi, le bon vin la remplace :
Nous sommes, à Bordeaux, tous des marchands de vin!
Tous! sans exception! C'est comme une consigne!
L'artisan, l'avocat, l'artiste, le banquier,
Chacun possède au moins un petit coin de vigne
Dont le produit se vend dans l'univers entier.

BLAGAGNAC

Vos récoltes, parfois, sont un peu baptisées...

FARCIGNAC

Jamais!

BLAGAGNAC

Les arts, chez moi, sont beaucoup estimés.

FARCIGNAC

Et chez moi ! Nous avons, à Bordeaux, des musées
Fameux.

BLAGAGNAC

Ceux de Toulouse, aussi, sont renommés.

FARCIGNAC

On y voit le tonneau du fameux Diogène !

BLAGAGNAC

Chez nous, dans un bassin de marbre blanc, on voit
Cinq litres d'eau de la fontaine d'Hippocrène !...
... Mais une fois par an, seulement, on en boit !

FARCIGNAC

Nous, nous avons les fers, en argent, de Pégase !

BLAGAGNAC

Et nous ! — mais d'y toucher il nous est défendu,
Et c'est discrètement placé sous une gaze... —
Nous avons quatre poils d'un œuf qu'on a tondu !

FARCIGNAC

Ce n'est rien ! Nous avons, caché dans une cage,
Le rat dont la montagne, un beau jour, accoucha !

BLAGAGNAC

Et nous ! — vous n'avez rien si précieux, je gage ! —
La perle que le coq d'Esope dénicha !

FARCIGNAC

Et nous, les yeux d'Argus !

BLAGAGNAC

      Et nous, une pincette
Avec laquelle on peut tirer les vers du nez
Sans qu'on le sache ! — Et quand, par hasard, on la prête,
C'est amusant de voir tous les gens étonnés !

FARCIGNAC

Je n'ai pas maintenant présent à la mémoire
Tout ce que nous avons ; mais ça n'en finit plus !
Quand j'en parle à Paris, on ne veut pas me croire !

BLAGAGNAC

Eh bien ! c'est comme moi ! — Je me tais, au surplus,
Et j'aime mieux parler de nos chasses superbes,

Où l'on voit les chasseurs errer de toutes parts
Dans nos immenses champs, à l'époque où les gerbes,
Que trainent les bœufs roux, rentrent sous les hangars.
La chasse! Nous avons, vois-tu bien, dans nos plaines
Tellement de gibier que nous le méprisons :
Les lièvres, les perdreaux, les lapins, par centaines,
Viennent gîter chez nous jusque dans nos maisons.

FARCIGNAC

Chez nous, les cerfs, les daims, les chevreuils sont en bandes !
Nous ne touchons jamais à ces grands animaux :
Nous les laissons en paix s'ébattre dans les landes,
Et, lorsque nous chassons, nous tuons des moineaux.

BLAGAGNAC

Cependant, nous avons des chasseurs très habiles !
J'en connais un, — c'était un notaire, je crois, —
Qui tua, — ce coup-là n'est pas des plus faciles, —
Qui tua, d'un seul coup, trois lièvres à la fois !

FARCIGNAC

Trois !

BLAGAGNAC

Oui, trois !

FARCIGNAC

Ce n'est rien ! Quelle plaisanterie !
J'en connais un... — le coup m'a rendu stupéfait ! —
Il vise et met à bas toute une compagnie
De perdreaux, et massacre un lièvre qui passait !

BLAGAGNAC

Mais pas du même coup ?

FARCIGNAC

Si !

BLAGAGNAC

C'est invraisemblable !

FARCIGNAC

Si ! — Les perdreaux, mon cher, étaient posés ! — C'est fort !

BLAGAGNAC

Non ! le coup est joli, mais il est concevable :
Gibier posé, pour un chasseur est gibier mort !
Mais un autre plaisir, et qui nous passionne,
C'est la pêche !

FARCIGNAC

La pêche! Oh! nous en rafollons.
Et d'abord, pour pêcher, nous ne craignons personne!

BLAGAGNAC

Et, quant à nous, chacun sait ce que nous valons!

FARCIGNAC

J'ai vu prendre un brochet pesant cent trente livres!

BLAGAGNAC

Peste!

FARCIGNAC

C'était, du reste, après son déjeuner.
Très boursouflé, son corps était rempli de vivres.

BLAGAGNAC

Sapristi! le gaillard avait dû s'en donner!

FARCIGNAC

Tout vivants encore, on tira de sa panse
Des brêmes, des goujons, des gardons, du mulet,
Et nous avons trouvé très bonne sa pitance!
— On l'a pris à la ligne,... un simple cordonnet!

BLAGAGNAC

Chez nous,—c'est un malheur!—mais toutes les rivières
Roulent tant de poissons que l'on ne voit plus l'eau ;
Aussi, nous les prenons de toutes les manières,
Mais surtout à la main, sans le moindre cordeau.

FARCIGNAC

Il faut bien avouer, cher ami, que nous sommes
Privilégiés! Chez nous, tout est supérieur!
Et, sur toute la terre, on ne trouve pas d'hommes
Vivant plus largement, dans un pays meillleur.

BLAGAGNAC

Nous avons les talents...

FARCIGNAC

                Et les billets de banque !

BLAGAGNAC

L'esprit!...

FARCIGNAC

       Et la gaité, qui nous vient en naissant!

BLAGAGNAC

C'est vrai! mais, seulement, une chose nous manque!

FARCIGNAC

Quoi donc?

BLAGAGNAC

Eh bien! mon cher, nous n'avons pas d'accent!...

RÊVES D'AVENIR

DIALOGUE

RÊVES D'AVENIR

DIALOGUE

LUCIEN, GONTRAN

LUCIEN

Pendant que l'on joue et qu'on se promène
Dans la grande cour, dis, — veux-tu causer ?

GONTRAN

Je veux bien ! Le jeu, d'abord, me surmène.
Je serais content de me reposer.

LUCIEN

Nous avons douze ans, c'est l'âge où l'on cause.

GONTRAN

Certe !

LUCIEN

On ne peut pas sans cesse courir !

GONTRAN

C'est très fatigant ! — J'en sais quelque chose.

LUCIEN

Penses-tu parfois à ton avenir ?

GONTRAN

A mon avenir ? — Oui, certes, j'y pense !

LUCIEN

Et moi donc ! Souvent je parais distrait,
C'est quand mon esprit se porte à distance...

GONTRAN

Si l'on était grand, ce que l'on ferait !

LUCIEN

Je voudrais avoir l'âge de mon père !
Nous sommes petits, c'est désespérant !
Mais nous grandirons !

GONTRAN

    Que comptes-tu faire
 Quand tu seras grand ?

LUCIEN

Quand je serai grand, toute la journée,
Sur un beau cheval je veux galoper ;
Celui qui suivrait ma course effrénée
Perdrait tout espoir de me rattraper.
Ainsi que le vent je fendrais l'espace,
Mon cheval aurait les naseaux fumants ;
Quand je passerais, on me ferait place,
Et j'éprouverais mille enchantements !
Oui, rien ne vaudrait cette course folle,
Par un beau matin, en pleine forêt :
Je ne pourrais pas dire une parole,
Mais j'écouterais mon cœur qui battrait !
Voler ! aller vite ! O bonheur extrême !
Me précipiter comme le torrent.....!

Oui ! je me promets ce plaisir extrême
    Quand je serai grand !

GONTRAN

Quand je serai grand, ô mon camarade,
Je n'aimerai point ton fougueux cheval
Qui pourrait fort bien, par une ruade,
Me jeter à terre et me faire mal.
Non ! non ! mon désir est plus pacifique :
Je suis un rêveur et, dans la forêt,
Tout le long du jour, la douce musique
Des chanteurs ailés me transporterait !
Je ferais des vers, des sonnets, des strophes,
Mes yeux fouilleraient le firmament bleu,
Et j'imiterais les grands philosophes
Ivres d'idéal et contents de peu !
De peu... tu le vois, mon âme est ravie ;
Ton coursier fougueux m'est indifférent.
Rêver et rimer, ce sera ma vie
    Quand je serai grand !

LUCIEN

Quand je serai grand, j'aimerai la guerre !
Il me faut, à moi, le bruit des combats,

Le canon avec sa voix de tonnerre,
Le fusil Lebel qui n'arrête pas !
Je serai blessé ? Sent-on sa blessure
Lorsque le pays a les yeux sur vous ?
Pour un vrai soldat c'est une parure
Qu'un membre de moins ! Et quoi de plus doux,
Après, quand on voit venir d'un air grave
Le chef, qui vous dit d'une ferme voix :
« — Soldat, mon ami, vous êtes un brave !
» Venez m'embrasser et prenez ma croix ! »
La croix ! Et je vois ma mère chérie
Sur son sein gonflé vite m'attirant.....!
Je veux, oui, je veux servir ma patrie !
   Quand jerai grand !

GONTRAN

Quand je serai grand, ce n'est pas la guerre
Qui me charmera : les canons ont tort !
J'aime mon pays puissant et prospère ;
Je ne comprends pas le droit du plus fort !
Ce que je voudrais, c'est être un poète !
En vers glorieux chanter les héros !
Le vers vaut la palme en un jour de fête !
Soldats et rimeurs ont leurs généraux !

Mes strophes auraient l'éclat des épées,
Mes chansons, l'ardeur folle des clairons !
Je consacrerais, dans mes épopées,
Les faits glorieux de nos escadrons !
— Toi, prends ton fusil, moi, ma lyre est prête ;
Servons le pays. — chacun dans son rang !
...Oui, je le sens là, je serai poète
    Quand je serai grand !

LUCIEN

Malheureusement, comme il est le maître,
Papa n'entend pas que je sois soldat ;
Ce n'est que forcé qu'il veut me permettre
De faire, à vingt ans, mon volontariat.
Il veut me placer dans l'épicerie ;
On y fait fortune, à ce qu'il prétend.
Moi, j'aimerais mieux la cavalerie...
Mais nous verrons ça quand je serai grand !

GONTRAN

Et moi, mon papa dit qu'au ministère
Où, depuis trente ans, il est appointé,
Je serai d'abord un surnuméraire,
Mais que je mettrai mes vers de côté.

Moi ! simple employé ! non, non, je le jure :
Je ne fais pas trop le récalcitrant
Dans ce moment-ci ; mais, je te l'assure,
Je ferai des vers quand je serai grand !

LUCIEN

Ton père, pourtant, me semble très sage,
Et c'est toi, mon cher, qui vois à l'envers :
Dans un ministère, on a l'avantage
D'être mieux payé qu'en faisant des vers.

GONTRAN

Si tu vas par là, je pourrai te dire
Qu'un simple épicier gagne sûrement
Plus qu'un lieutenant, qui doit se suffire
Avec un budget maigre assurément.

LUCIEN

Un lieutenant, bon ! mais, avec la chance,
Je puis promptement passer général.

GONTRAN

Moi, mes premiers vers, j'en ai l'assurance,
Seront insérés dans un grand journal !

LUCIEN, riant

Ah ! sommes-nous fous ! Qui sait ? Les années
Peuvent nous donner des goûts différents !...
Nous recauserons de nos destinées
    Quand nous serons grands.

TABLE

PETITES FILLES

Au lecteur..	1
Le chagrin de Bébé.................................	9
La maladroite.......................................	17
Compliment d'un enfant............................	23
Les fleurs qui parlent.............................	27
Bonsoir, maman!....................................	35
Une tempête dans un berceau	41
La lettre de l'orpheline...........................	49
Le souhait de Lucette..............................	55
Oh! maman!...	61
Prière naïve..	69
La petite bouquetière..............................	77
Five o'clock tea, dialogue	85
La petite princesse, dialogue.....................	99
Les bavardes, dialogue	111

PETITS GARÇONS

Hanneton vole!	129
Le bœuf et la grenouille, fable	135
Le roseau et le chêne, fable	139
Eloge de la paresse	143
Le petit farceur	149
La paire de gants	157
Une trouvaille	165
Au pain sec	171
Le petit ramoneur	177
Le nez	187
Impressions de voyage	193
L'école buissonnière, dialogue	201
No! dialogue	215
Les deux Gascons, dialogue	227
Rêves d'avenir, dialogue	239

10061. Dijon, Imprimerie Régionale (I. F. C. 3512).

www.ingramcontent.com/pod-product-compliance
Lightning Source LLC
Chambersburg PA
CBHW070643170426
43200CB00010B/2108